# 77
# Respostas surpreendentes sobre Deus e a Bíblia

# 77 respostas surpreendentes sobre Deus e a Bíblia

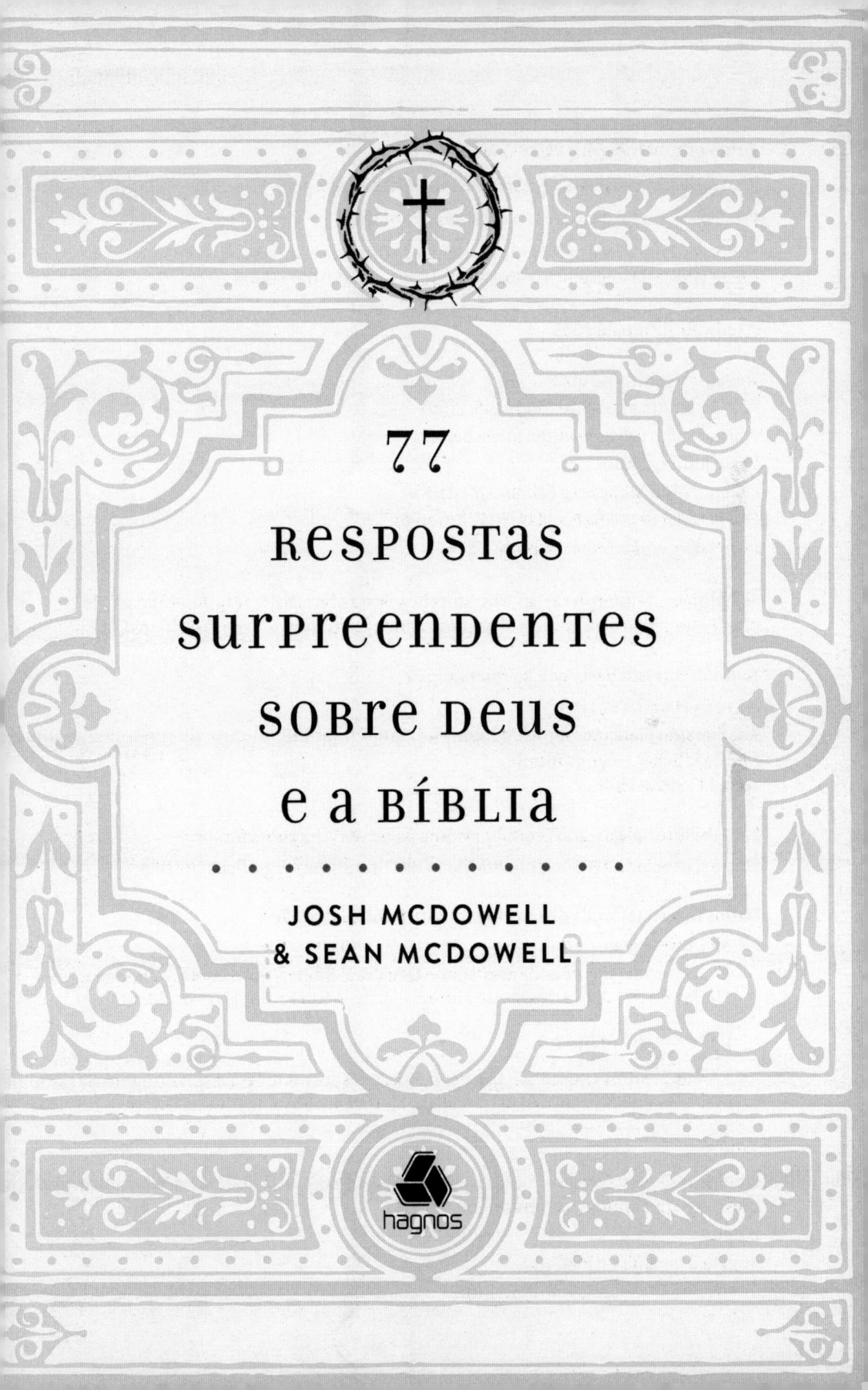

JOSH MCDOWELL
& SEAN MCDOWELL

Título original: *77 FAQs about God and the Bible*
©2012, de Josh McDowell Ministry e Sean McDowell
Publicado sob licença da Harvest House Publishers
Publicado com o aval da Associação Religiosa Cruzada Estudantil e Profissional para Cristo (Praça da República, 146, São Paulo, SP — CEP: 01045-000).

2.ª edição: junho de 2025.

*Tradução:* Onofre Muniz
*Revisão:* Andrea Filatro e Josemar S. Pinto
*Projeto gráfico e diagramação:* Joede Bezerra
*Capa:* Julio Carvalho
*Editores:* Aldo Menezes e Fabiano Medeiros
*Coordenador de produção:* Mauro W. Terrengui
*Impressão e acabamento:* Imprensa da Fé

As opiniões, as interpretações e os conceitos desta obra são de responsabilidade de quem a escreveu e não refletem necessariamente o ponto de vista da Hagnos.

Todos os direitos desta edição reservados à
EDITORA HAGNOS LTDA.
Rua Geraldo Flausino Gomes, 42, conj. 41
CEP 04575-060 — São Paulo, SP
Tel.: (11) 5990-3308

E-mail: editorial@hagnos.com.br | Home page: www.hagnos.com.br
Editora associada à Associação Brasileira de Direitos Reprográficos (ABDR)

**Dados Internacionais de Catalogação na Publicação (CIP)**

McDowell, Josh

77 respostas surpreendentes sobre Deus e a Bíblia / Josh McDowell, Sean McDowell ; tradução de Onofre Muniz. — 2. ed. — São Paulo : Hagnos, 2025.

ISBN 978-85-7742-652-2

1. Deus 2. Bíblia (Miscelânia) 3. Perguntas e respostas 4. Fé 5. Espírito Santo 6. Mal 7. Pecado 8. Jesus Cristo I. Título II. McDowell, Sean III. Muniz, Onofre

25-1680 CDD 220.02

**Índices para catálogo sistemático:**
1. Deus
Angélica Ilacqua CRB-8/7057

# Sumário

*Agradecimentos* . . . . . . . . . . . . . . . . . . . . . . . . . . . . . .9

**Introdução**

1. Todas as minhas perguntas podem ser respondidas? . . . . . . 11

**Respostas surpreendentes sobre Deus**

2. Por que Deus parece estar oculto a nós? . . . . . . . . . . . . . 15
3. Acreditar em Deus não requer fé? . . . . . . . . . . . . . . . . . 18
4. É errado ter dúvidas a respeito de Deus? . . . . . . . . . . . . .22
5. Quais são as provas de que Deus existe? . . . . . . . . . . . . . .25
6. O que diz o argumento da causa primeira sobre a existência de Deus? . . . . . . . . . . . . . . . . . . . . . . . . . .29
7. O que diz o argumento do projeto sobre a existência de Deus? . . . . . . . . . . . . . . . . . . . . . . . . . . . . . . . . . 31
8. O que diz o argumento da lei moral sobre a existência de Deus? . . . . . . . . . . . . . . . . . . . . . . . . . . . . . . . . .38
9. O que diz o argumento da experiência pessoal sobre a existência de Deus? . . . . . . . . . . . . . . . . . . . . . . . .42
10. Se Deus fez todas as coisas, então quem ou o que fez Deus? . . . . . . . . . . . . . . . . . . . . . . . . . . . . . . . . .44
11. Como Deus realmente é? . . . . . . . . . . . . . . . . . . . . . .46
12. Quem é o Espírito Santo? . . . . . . . . . . . . . . . . . . . . . .52
13. O que significa Deus ser uma Trindade? . . . . . . . . . . . . .54

14. Deus é do sexo masculino ou feminino?............56
15. Deus pode cometer erros, como sentir ciúmes?..........58
16. De onde veio o mal?............................61
17. O que é exatamente o mal?......................64
18. O que leva as pessoas a pecarem atualmente?..........66
19. Se Deus é tão amoroso, por que ele não pode ser mais tolerante com o pecado?.....................69
20. Por que Deus criou os seres humanos?...............72
21. Deus criou outros seres inteligentes além dos humanos?...75
22. É realmente possível conhecer a verdade?..............77
23. A verdade é apenas uma preferência pessoal?..........81
24. Deus faz discriminação de sexo?.................84
25. Deus é racista?..................................90
26. Deus é legalista?...............................93
27. Deus é violento?................................95
28. A religião é a verdadeira causa da violência no mundo?....98
29. Deus é genocida?................................101
30. Como um Deus amoroso pode mandar pessoas para o inferno?...............................105
31. Deus castiga as pessoas por meio de desastres naturais?...109
32. Por que Deus permite o sofrimento?................112
33. Por que Deus não termina com o sofrimento agora?.....118
34. Deus tem sentimentos e emoções?..................125
35. Deus ama a todos independentemente da orientação sexual?............................129
36. Deus se envolve em política?......................132
37. Como podemos conhecer a vontade de Deus em nossa vida?................................136
38. Jesus realmente alegou ser Deus?.................140

## Sumário

**39.** Não é arrogância alegar que o cristianismo é a única religião verdadeira? .................. 143
**40.** Como sabemos que Jesus de fato existiu? ............ 146
**41.** Como Jesus respaldou sua alegação de ser Deus? ........ 149
**42.** Quais provas existem de que Jesus foi o Messias? ........ 152
**43.** Há provas de que Jesus nasceu de uma virgem? ......... 157
**44.** Há provas de que Jesus ressuscitou dentre os mortos? .... 161
**45.** Por que Jesus precisou morrer? ................... 165
**46.** Por que a ressurreição de Jesus é tão fundamental para o cristianismo? ........................ 168
**47.** Como as pessoas se acertavam com Deus antes de Jesus ter morrido pelos pecados? ................ 171
**48.** O que é a Igreja de Deus? ....................... 175
**49.** O que Jesus fará em sua segunda vinda? ............. 177
**50.** Como posso experimentar um relacionamento pessoal com Deus? ........................... 180

### Respostas surpreendentes sobre a Bíblia

**51.** De onde veio a Bíblia? ......................... 187
**52.** O que significa a Bíblia ser inspirada? ............... 191
**53.** A Bíblia é de autoria divina, humana ou ambas? ........ 194
**54.** A Bíblia não está cheia de erros e contradições? ........ 198
**55.** O Novo Testamento cita de forma errada o Antigo Testamento? ...................... 203
**56.** Como sabemos se a Bíblia que existe hoje é verdadeiramente a Palavra de Deus? ............. 206
**57.** Alguns livros inspirados foram excluídos da Bíblia atual? ........................... 210
**58.** Como ensinos de antigas culturas da Bíblia podem ser relevantes para nós hoje? ..................... 215

**59.** Por que a Bíblia é tão mal interpretada?........220
**60.** Como interpretar corretamente a Bíblia?..........226
**61.** Como os cristãos sustentam doutrinas contraditórias da Bíblia e ainda permanecem unidos?..............232
**62.** Todas as leis do Antigo Testamento são obrigatórias para nós hoje?.....................236
**63.** Todas as festas judaicas bíblicas são significativas para os cristãos hoje?......................241
**64.** Qual o verdadeiro propósito da Bíblia?............248
**65.** O Antigo Testamento é historicamente confiável?......252
**66.** O Novo Testamento é historicamente confiável?.......257
**67.** Qual a diferença entre a Bíblia cristã e a Bíblia judaica?...263
**68.** Qual a diferença entre a Bíblia cristã e o Alcorão?......265
**69.** Qual a diferença entre a Bíblia cristã e o Livro de Mórmon?.......................269
**70.** A Bíblia católica romana é diferente da Bíblia protestante?......................272
**71.** Quando a Bíblia foi traduzida para outras línguas?......276
**72.** Todas as traduções da Bíblia foram inspiradas?........281
**73.** Se os tradutores da Bíblia cometeram erros, isso não torna a Bíblia inexata?...............283
**74.** Como escolher uma tradução que seja exata?........285
**75.** Por que existem tantas traduções da Bíblia?..........288
**76.** Quais recursos são necessários para a interpretação correta da Bíblia?.......................289
**77.** Como posso ter uma experiência pessoal com a Bíblia?...292

*Sobre os autores e o ministério de Josh McDowell*..........295

# Agradecimentos

Queremos agradecer às pessoas mencionadas a seguir por sua valiosa contribuição a este livro.

*Dave Bellis*, meu amigo e colega (de Josh) por 35 anos, pela colaboração conosco nas perguntas para o livro, pesquisando respostas, redigindo o rascunho e acompanhando todas as nossas edições e revisões para criar o esboço final. Reconhecemos a percepção de Dave e seu conhecimento geral sobre os assuntos tratados neste livro e somos profundamente gratos por sua contribuição.

*Eric Johnson* e *Alan Shlemon*, por fornecerem úteis conhecimentos em suas áreas de especialização.

*Becky Bellis*, por se empenhar no computador para preparar o original.

*Terry Glaspey* da Harvest House, por sua visão e orientação em moldar a direção e o tom deste trabalho.

*Paul Gossard* da Harvest House, pela experiente edição e pelo discernimento que ele trouxe à conclusão do manuscrito.

Josh McDowell
Sean McDowell

# 1
## Todas as minhas perguntas podem ser respondidas?

Geralmente é difícil encontrar respostas ponderadas às perguntas mais frequentes sobre Deus e a Bíblia. Nós (Josh e Sean) estamos tentando apresentá-las a você aqui. Ao todo, falamos mais de 15 mil vezes a auditórios jovens e adultos. Procuramos pesquisar os assuntos e as perguntas que os cristãos e os não cristãos têm feito. Estudamos o que os eruditos e teólogos do passado disseram. E seria ótimo dizer que encontramos todas as respostas, mas isso simplesmente não é verdade.

Deus e sua divina Palavra compõem um tema tão imenso e profundo que precisamos confessar existirem muito mais perguntas do que respostas. De fato, quanto mais estudamos e aprendemos sobre Deus e a Bíblia, mais nos damos conta de quão pouco realmente sabemos. Todavia, isso não nos impede de acreditar.

Há muitas perguntas sobre Deus e a Bíblia com respostas satisfatórias. Mas, para algumas pessoas, elas talvez não sejam satisfatórias — de fato, podem parecer ridículas para os que não creem. Até mesmo o apóstolo Paulo disse que a mensagem da cruz é loucura para os que não creem (1Coríntios 1:18)! Muitas das perguntas às quais respondemos aqui são perguntas espirituais que requerem respostas espirituais. Se você aceita apenas respostas "seculares", pode ficar desapontado.

Por isso, em muitas ocasiões pediremos que analise a resposta da perspectiva de Deus, porque é assim que recebemos o verdadeiro discernimento e direção. Nossa expectativa é que você encontre tais respostas neste livro. Ao mesmo tempo, estamos lidando com perguntas muito difíceis — perguntas sobre as quais a humanidade vem meditando há séculos. E algumas dessas respostas, embora nos satisfaçam até certo ponto, permanecem incompletas. Por vezes, devemos aceitar que há assuntos e situações que Deus conhece, mas que permanecem parcial ou totalmente um mistério para nós, humanos. Isso não significa que o cristianismo é uma questão de fé *cega*. Mas é importante reconhecer nossas limitações.

Por essa razão, nem todas as suas perguntas sobre Deus e a Bíblia poderão ser respondidas neste ou em qualquer outro livro. Mas vamos nos esforçar para tratar cada pergunta com honestidade e dar respostas claras e práticas. No entanto, a chave para obter respostas reais sobre as questões difíceis da vida está na atitude. Em sua sabedoria, o rei Salomão compreendeu esta atitude e a compartilhou conosco no capítulo 2 de Provérbios. As verdadeiras respostas vêm da conquista de sabedoria vinda de Deus.

> *Meu filho, se aceitares minhas palavras e guardares contigo meus mandamentos, para que faças teu ouvido atento à sabedoria e inclines o coração ao entendimento; sim, se clamares por discernimento e levantares tua voz por entendimento; se o buscares como quem busca prata e o procurares como quem procura tesouros escondidos; então entenderás o temor do Senhor e acharás o conhecimento de Deus. Pois o Senhor dá a sabedoria; o conhecimento e o entendimento procedem da sua boca; ele reserva para os justos a verdadeira sabedoria, como um escudo para os que caminham em integridade, guardando as veredas dos justos e protegendo o caminho dos seus santos.*
>
> *Então entenderás a retidão, a justiça, a equidade e todas as boas veredas.* (Provérbios 2:1-9)

# RESPOSTAS

# SURPREENDENTES

# SOBRE

# **DEUS**

# 2

## Por que Deus parece estar oculto a nós?

Digamos que eu (Sean) dissesse a você que tenho uma Lamborghini novinha em folha estacionada em minha garagem. Se você me conhecesse, provavelmente diria que eu, com o salário de professor do ensino médio, não possuo recursos para ter um carro tão caro. Claro, você estaria certo. Mas tudo o que você teria de fazer é pedir que eu mostrasse: "Mostre-me a Lamborghini". E, se eu não pudesse produzir a prova, seria considerado um farsante.

Mas é um pouco diferente quando falamos em produzir "provas" sobre Deus. Não podemos apenas fazer uma oração ou estalar os dedos e pronto! — Deus aparece e dissipa toda dúvida sobre sua existência. Para ser honesto, até isso talvez não chegue a persuadir alguém a crer nele. Mas o fato é que, num sentido real, Deus permanece oculto a nós como um ser *material*. As Escrituras dizem: *Deus é Espírito, e é necessário que os que o adoram o adorem no Espírito e em verdade* (João 4:24). E, como espírito, Deus é invisível a nós (veja 1Timóteo 1:17). Veja, ele está em outro plano de existência, diferente de nós, humanos. Não podemos vê-lo em todo o seu incrível poder e força. Ele disse a Moisés: *Não poderás ver a minha face, porque homem nenhum pode ver a minha face e viver* (Êxodo 33:20).

Na verdade, Deus está oculto a nós porque ele é Deus perfeitamente santo (Isaías 54:5 e Apocalipse 4:8), e nós, humanos, somos imperfeitos e profanos (Romanos 5:12). Estamos contaminados pelo mal, e as Escrituras dizem: *Tu, que és tão puro de olhos, que não podes ver o mal e não podes contemplar a maldade!* (Habacuque 1:13).[1]

A forma espiritual de Deus é demais para nós, mortais pecadores, suportarmos, e ele precisa permanecer oculto. No entanto, Deus deseja um relacionamento com sua criação e nos possibilita conhecê-lo pela morte sacrificial de Cristo, que expia nossos pecados. A expiação de Cristo pelo pecado significa que Jesus pagou o *salário do pecado* por nós, por meio da sua morte, e que ele *resgatou-nos* da *prisão* da morte (veja Romanos 6:23 e 1Pedro 1:18-19). Deus também se nos revela por meio da criação (Romanos 1:18-21), de nossa consciência moral (Romanos 2:14, 15), de sua Palavra (2Timóteo 3:16-17), da igreja (Efésios 1:23), da história (1Samuel 17:46,47) e pela habitação de seu Espírito Santo em nossa vida (Romanos 8:9-11). Deus pode estar oculto a nós no sentido material, físico, porém está muito mais evidente na vida de um filho de Deus, redimido por Cristo.

Certamente Deus se revelou a nós na pessoa de Jesus Cristo quando esteve aqui na terra. Apresentaremos muitas evidências ou provas para apoiar uma fé inteligente de que Jesus foi de fato Deus encarnado. Jesus e os apóstolos afirmaram claramente que ele era a revelação de Deus a nós (veja João 1:1-14; 14:8-11; Colossenses 2:9; Hebreus 1). Portanto, embora Deus possa estar oculto no mundo material, ele ainda se revelou a nós de uma forma vigorosa.

Em um sentido o aspecto oculto de Deus não é algo negativo. Seu ocultamento pode ter um resultado muito positivo. Ele disse aos filhos de Israel: *Vós me buscareis e me encontrareis, quando me buscardes de todo o coração. Eu me deixarei ser encontrado por vós* (Jeremias 29:13-14a). Jesus disse: *Buscai, e achareis* (Lucas 11:9). Como um tesouro

---

[1] Veja "Como Deus realmente é?". p. 48, e "O que leva as pessoas a pecarem atualmente?", p. 69.

oculto, Deus quer que busquemos, investiguemos e descubramos todas as riquezas que o seu relacionamento conosco oferece. Há um mistério naquilo que está oculto a nós. E esse mistério pode aprofundar nosso desejo de conhecer as riquezas ocultas de Deus.

## 3

## Acreditar em Deus não requer fé?

Embora existam muitos argumentos para a existência de Deus — e nós vamos abordar vários deles neste livro —, acreditar em Deus não é realmente uma questão de fé? De fato, todos os questionamentos religiosos não pertencem à esfera da fé?

A fé é essencialmente importante, contudo muitas pessoas a compreendem mal, pensando que ela implica jogar fora a mente e apenas crer cegamente. Não é disso que trata a fé bíblica.

### Garantia e prova

A Bíblia diz: *A fé é a garantia do que se espera e a prova do que não se vê* (Hebreus 11:1). Uma boa pergunta a fazer é: "De onde vêm a *garantia* e a *prova* de nossa fé?" Elas vêm do conhecimento ou da evidência de coisas esperadas ou não vistas. É o conhecimento de algo que nos permite confiar. E ver as evidências traz confiança à fé. Por isso, a fé bíblica não é uma fé cega que opera sem nenhuma razão para crer — ao contrário, ela olha para as evidências. De fato, essa é uma das razões pelas quais os apóstolos de Jesus registraram muitos dos sinais miraculosos realizados por Jesus: *Estes [sinais], porém, foram registrados para que possais crer que Jesus é o Cristo* (João 20:31).

Eis um exemplo: Você exerce fé sempre que viaja de avião. Você nem precisa ver o piloto, mas confia que ele pilotará o avião. Provavelmente você não viu os engenheiros, os mecânicos e os operários que construíram a aeronave, mas acredita que o avião no qual está voando é capaz de voar. Então, qual é a garantia de que você está viajando com segurança? Sem dúvida, você confia no desempenho histórico da companhia aérea e nas regras da agência governamental que regula e fiscaliza o setor aéreo. Existem evidências esmagadoras de que as viagens aéreas são seguras. E o conhecimento das evidências dão garantia e prova à sua fé.

O fato é que sua fé está baseada no conhecimento que você tem a respeito da companhia aérea e de suas rígidas normas de operação. Você obteve segurança baseada numa fé inteligente, ou no seu conhecimento ou em sua experiência pessoal. Sua fé não é uma fé cega que dispense informações ou evidências. Crer em algo sem evidências claras é como dar um salto no escuro; agir na fé fundamentada em evidências claras é como entrar na luz.

No Antigo Testamento, Deus enviou Moisés ao faraó, o líder do Egito. Deus operou atos milagrosos para convencer o faraó a libertar os filhos de Israel. Finalmente o governante cedeu. Mas as evidências do poder de Deus tiveram profundo impacto sobre Israel. *Israel viu a grande obra que o Senhor havia realizado contra os egípcios, de modo que o povo temeu o Senhor e creu no Senhor e em Moisés, seu servo* (Êxodo 14:31).

Mas as evidências a respeito de Deus nem sempre são explícitas. Na maioria das vezes, ele está oculto a nós no mundo material, e devemos continuar a crer mesmo assim. No entanto, isso não significa que não podemos ter garantia ou profunda convicção sobre ele com base nas evidências. Neste livro, apresentaremos evidências sobre Deus e responderemos a perguntas sobre como ele é, o que nos ajudará a desenvolver uma fé firme.

## A fé e as evidências operam juntas

Independentemente de quão completas e convincentes sejam as evidências, ainda assim devemos exercer a fé. Quando conheci minha esposa, Stephanie, eu (Sean) não tinha um conhecimento profundo e completo sobre ela. Eu não podia ter certeza de que ela era uma pessoa 100% íntegra. Isso, claro, era importante para mim porque eu queria me casar com uma pessoa que me amasse o suficiente para ser fiel e verdadeira comigo. Mas, durante nosso período de namoro, eu realmente vim a conhecer a pessoa que ela era. Assim, obtive evidências suficientes para tomar uma decisão sábia e informada sobre o caráter moral da mulher com quem vim a me casar. No entanto, dei um passo de fé para que ambos entregássemos nosso amor e nossa confiança um ao outro.

Você raramente, ou talvez nunca, terá evidências exaustivas para acreditar em algo ou alguém. Mas poderá encontrar evidências suficientes para decidir que aquilo em que você crê é verossímil e objetivamente verdadeiro. Quando se trata de Deus, ele quer acima de tudo um relacionamento conosco, e a chave para qualquer relacionamento é a confiança. Por isso, quanto mais você conhecer o caráter, o coração e as motivações de Deus, mais profunda e mais forte será a sua fé nele.

A fé e as evidências andam de mãos dadas. Por exemplo, quando você enfrenta tempos de provação, sua fé em Deus pode ser testada. Tragédias como uma tempestade devastadora que destrói sua casa, a perda de um emprego ou uma terrível doença que tira de você um ente querido podem testar sua fé ao limite. Nesses momentos, é fácil questionar: "Por quê?" E às vezes não encontramos respostas satisfatórias. Podemos ser tentados a indagar: "Deus não vê o que está acontecendo? Ele não se importa? Por que ele não faz algo a respeito?" As Escrituras nos dizem: *Para que a comprovação da vossa fé, mais preciosa do que o ouro que perece, embora provado pelo fogo, redunde em louvor, glória e honra na revelação de Jesus Cristo* (1Pedro 1:7).

Por que sua fé é tão "preciosa" e tão importante para Deus? Porque uma fé forte e pura é uma fé cheia de conhecimento de quem Deus é. Mais do que tudo, Deus quer que o conheçamos pelo Deus verdadeiro que ele é. O Senhor quer que confiemos nele nos tempos de provação. Quer que saibamos que ele está disponível a nós, não importa o que aconteça. Jesus orou a Deus, o Pai, dizendo: *E a vida eterna é esta: que conheçam a ti, o único Deus verdadeiro, e a Jesus Cristo, que enviaste* (João 17:3). Conhecer Deus é confiar nossa vida a ele. Quanto mais o conhecemos, mais podemos colocar nossa completa confiança nele.[2]

Muitas pessoas que conhecem a minha história (de Josh) sabem que me propus a refutar o cristianismo. Eu queria descobrir evidências comprovadoras de que a Bíblia era uma fraude, com todas as suas histórias incríveis. Claro, meu exame a respeito das evidências da divindade de Cristo, sua ressurreição e a confiabilidade das Escrituras provou o contrário. Por isso, algumas pessoas pensam que me converti a Cristo pelo caminho intelectual.

A verdade é que todas as evidências que documentei em meus livros não me levaram a um relacionamento com Cristo. Elas certamente prenderam minha atenção. Mas o que me levou a Deus foi, em primeiro lugar, o conhecimento do seu amor. Eu testemunhei o amor num grupo de seguidores de Jesus que se dedicavam a um Deus amoroso e uns aos outros. E Deus demonstrou seu amor a mim por meio deles. Quando tive a experiência do seu amor por meio desses seguidores de Cristo, algo aconteceu. Foi aí que coloquei minha fé nele e, pelo poder do seu Espírito Santo, minha vida foi transformada. Exerci uma fé inteligente no Deus que me amou o suficiente para morrer por mim.

● ● ● ● ●

A Bíblia diz: *Sem fé é impossível agradar a Deus, pois é necessário que quem se aproxima de Deus creia que ele existe e recompensa os que o buscam* (Hebreus 11:6). Se a sua fé em Deus é fraca, este livro pretende fortalecê-la. Se a sua fé em Deus é forte, este livro a tornará ainda mais forte. Quanto mais você olhar para as evidências da existência de Deus — quem ele realmente é — e esclarecer por si mesmo os muitos equívocos relacionados, mais sua fé nele se aprofundará e florescerá.

---

[2] Veja "Como Deus realmente é?", p. 48.

# 4

## É errado ter dúvidas a respeito de Deus?

O desejo de Deus é que creiamos nele. Deus quer que coloquemos nossa fé nele e creiamos que ele visa o nosso melhor interesse. Então é errado ter dúvidas sobre o que Deus ordenou na Bíblia ou sobre como devemos viver a vida cristã?

A fé do grande João Batista pareceu balançar quando ele foi preso e as coisas começaram a ficar estranhas. Ele mandou que seus seguidores perguntassem a Jesus: *Tu és aquele que deveria vir, ou devemos esperar outro?* (Mateus 11:3).

Lembre-se de que esse foi o homem que havia dito: *Eu mesmo vi e já vos dei testemunho de que este é o Filho de Deus* (João 1:34). Contudo, após ter sido lançado na prisão, João Batista deve ter questionado por que Jesus não o resgatara. A exemplo de muitos de nós quando enfrentamos dificuldades, João Batista teve dúvidas.

Quando outros discípulos de Jesus questionaram quem ele de fato era, Jesus lhes respondeu: *Crede em mim; eu estou no Pai e ele está em mim; crede ao menos por causa das mesmas obras* (João 14:11). Jesus não ficou contrariado porque seus seguidores manifestaram algumas dúvidas ou pediram alguma prova. Ele apelou para as evidências a fim de estabelecer que era quem alegava ser. Deus deseja que nossa fé nele seja afirmada e aprofundada por nossas convicções. E ter algumas incertezas não é necessariamente errado. Da mesma forma que João Batista, às vezes carecemos de evidências suficientes para apoiar nossa fé. Assim, buscar saber por que cremos no que cremos pode fortalecer nossa fé e, de forma alguma, é algo condenável.

• • • • •

Muitas de nossas dúvidas podem ser superadas quando nossa fé se torna mais inteligente com respeito às evidências de por que cremos. Mas as evidências não estão limitadas a coisas como a ressurreição de Cristo, sua divindade, a confiabilidade das Escrituras e assim por diante. Existem também evidências a respeito do caráter e da natureza de Deus que apoiarão nossa fé e dissiparão nossas dúvidas.

Certo homem procurou Jesus na esperança de que ele curasse seu filho. O homem disse:

> *Mas se podes fazer alguma coisa, tem compaixão de nós e ajuda-nos. Ao que lhe disse Jesus: Se podes? Tudo é possível ao que crê. Imediatamente o pai do menino clamou: Eu creio! Ajuda-me na minha incredulidade.* (Marcos 9:22-24)

Aquele homem tinha fé, mas queria a ajuda de Jesus para não duvidar de que o mestre curaria seu filho. Provavelmente, aquele pai tinha ouvido histórias a respeito do mestre operador de milagres. Talvez ele conhecesse pessoalmente o cego que havia recuperado a visão por meio de Jesus. Talvez fosse vizinho de um dos milhares que foram alimentados com os cinco pães e os dois peixes abençoados por Jesus. Por isso aquele homem, sem dúvida, acreditava que Jesus tinha poder para curar seu filho, mas a grande questão era: *Jesus se importará em curar meu filho?*

Às vezes nossas dúvidas giram em torno da nossa fé quanto à natureza e à compaixão de Deus. Ele se importa o suficiente comigo para curar meu filho? Ele quer atender às minhas necessidades materiais? Ele me manterá seguro? É importante conhecer as evidências de seu coração atencioso para ajudar a remover nossas dúvidas.[3]

Certa vez, Jesus estava tirando uma soneca num barco ao atravessar o mar da Galileia com seus discípulos. Aconteceu uma violenta tempestade, e os discípulos pensaram que iriam naufragar, por isso acordaram Jesus. O mestre repreendeu o tempo ruim e interrompeu a tempestade. *Então lhes perguntou: Onde está a vossa fé?* (Lucas 8:25). Parece que a tempestade estava ocupando a mente e as emoções dos discípulos. E isso os impedia de entregar a situação a Jesus. É claro que Jesus queria que os discípulos cressem que ele tinha o poder para acalmar a tempestade e se importava o bastante para mantê-los a salvo. Jesus queria que eles tivessem fé nele.

Jesus também instruiu seus discípulos a não se preocuparem com suas necessidades por alimento e vestuário. Se Deus cuidava dos pássaros e das flores, *quanto mais a vós, homens de pequena fé?* (Lucas 12:28). Novamente, Jesus queria que seus seguidores focassem na natureza cuidadosa e supridora de Deus. Todavia, as preocupações e inseguranças podiam facilmente causar-lhes dúvidas. Elas podem causar dúvidas em nós também.

Colocar nosso foco na natureza supridora e protetora de Deus permite-nos seguir a admoestação de Pedro: *Lançando sobre ele toda a vossa ansiedade, pois ele tem cuidado de vós* (1Pedro 5:7). O futuro é desconhecido, e a nossa vida é cheia de incerteza e insegurança. E, embora esteja em nossa natureza questionar como as coisas correrão, quando acrescentamos à nossa fé o conhecimento ou as evidências do cuidadoso coração de Deus, nossas dúvidas podem ser removidas. Assim, embora possa não ser errado ter dúvidas a respeito de Deus, ele quer removê-las para que possamos confiar nele independentemente das circunstâncias.

---

[3] Veja "Como Deus realmente é?", p. 48.

# 5

## Quais são as provas de que Deus existe?

A maioria das pessoas na América e ao redor do mundo acredita que existe um Deus. Quando lhe pedem boas razões pelas quais elas creem dessa forma, muitas simplesmente dizem: "Um mundo lindo e criado primorosamente como este em que vivemos não pode ser fruto do acaso". E elas estão certas. Mas como você formula essa resposta intuitiva em um argumento ou prova de que Deus realmente existe?

As Escrituras afirmam: *Pois os seus atributos invisíveis, seu eterno poder e divindade, são vistos claramente desde a criação do mundo e percebidos mediante as coisas criadas* (Romanos 1:20). Deus não precisa se materializar para provar sua existência — suas qualidades invisíveis fornecem prova suficiente de que ele existe.

### Tudo se ajusta

Eu (Sean) cresci em Julian, uma cidade nas montanhas da Califórnia. Sempre gostei de andar pelas trilhas montanhosas e passear pela floresta. E iniciei meus filhos na exploração da mata.

Suponhamos que eu esteja passeando pela floresta com meu filho Scottie. Cerca de duas horas de caminhada depois, Scottie diz:

— Pai, estou ficando cansado. Estou com sede.

Logo em seguida avistamos, através das árvores, o que parece ser uma edificação. Ao nos aproximarmos, vemos uma cabana impecável no meio da floresta. A porta está escancarada.

Scottie e eu nos dirigimos à cabana. Para nossa surpresa, minha música favorita está tocando. O *video game* favorito de Scottie aparece na tela da TV. Vemos uma tabuleta no refrigerador informando: *Suas bebidas favoritas*. Scottie corre, abre a geladeira e tira de lá um delicioso refrigerante.

— Você acredita nisso, pai? — ele confessa, pouco antes de se deliciar com o refrigerante.

Isso seria surpreendente, certo?

A que conclusão você chegaria com tudo isso? Essas circunstâncias poderiam acontecer por puro acaso? Parece que alguém sabia que estávamos chegando e projetou a cabana, a música, o jogo e o refrigerante tendo nosso bem-estar em mente.

• • • • •

Embora a descoberta dessa fantástica cabana seja apenas um relato fictício, a realidade é que o planeta terra é ainda mais surpreendente e fantástico. Da mesma forma que na ilustração da cabana, é como se alguém tivesse cuidadosamente preparado nosso mundo tendo nosso bem-estar em mente. Certas leis da natureza se apoiam em parâmetros meticulosamente definidos que possibilitam a existência de seres humanos na terra.

Os cientistas estimam, de forma conservadora, existirem pelo menos 18 leis físicas operando em perfeita harmonia para que o universo e o planeta terra sejam adequados à vida complexa. Como exemplo, podemos citar as leis da gravidade, da conservação da energia, da termodinâmica, as poderosas forças nucleares, as forças magnéticas etc. Se alguma dessas leis variar, mesmo que ligeiramente, a vida não seria possível em nosso universo.

Pense na poderosa força nuclear. É a força que mantém unido o núcleo — o centro — dos átomos. Os prótons e os nêutrons dentro do núcleo do átomo trocam subpartículas. Os prótons permanecem então unidos pela poderosa força, embora suas cargas positivas tendam normalmente a repelir-se mutuamente. E o átomo permanece intacto.

Para ver os resultados dessa poderosa força, tome por exemplo a produção da energia nuclear do sol. Nosso sol "queima" e produz energia para sustentar o planeta terra fundindo átomos de hidrogênio. E, quando dois desses átomos se fundem, 0,7% de sua massa é convertida em energia. Mas e se a percentagem de matéria convertida em energia fosse ligeiramente menor? Se a conversão fosse de apenas 0,6% em vez de 0,7%, o próton não poderia se unir ao nêutron, e o universo consistiria apenas em hidrogênio. Não existiria o planeta terra para habitarmos, nem o sol para aquecê-lo.

E se a matéria convertida em energia fosse ligeiramente maior, digamos 0,8%? A fusão aconteceria tão rapidamente que não restaria nenhum hidrogênio. E isso também significaria que a vida como a conhecemos não poderia existir. Nosso universo está tão perfeitamente sintonizado que o diminuto átomo de hidrogênio, ao se fundir, deve abrir mão de uma quantidade exata entre 0,6% e 0,8% de sua massa em forma de energia![4]

Há dezenas de exemplos semelhantes a esse que demonstram como o nosso universo está perfeita e incrivelmente sintonizado. É inimaginável que sua origem tenha sido "por acaso". É como se algum Agente Inteligente preparasse o planeta terra com um cartaz de boas-vindas dizendo: "Eu fiz isto especificamente para você".

---

[4] DEEM, Rich. *Evidence for the Fine Tuning of the Universe*, artigo consultado originalmente em 17 de maio de 2001, em: www.godandscience.org/apologetics/designun.html.

• • • • •

Aqueles que creem no Deus da Bíblia não se surpreendem ao descobrirem o universo perfeitamente sintonizado. De fato, é exatamente isso que *poderíamos* esperar encontrar caso Deus exista. A Bíblia afirma: *Ele* (Jesus) *é o resplendor da sua glória [...] sustentando todas as coisas pela palavra do seu poder* (Hebreus 1:3). A ideia da "sorte" ou do "acaso" serem responsáveis pela criação do mundo em toda a sua complexidade e precisão requer muito mais fé do que crer que existe um Deus criador que o preparou para nós.

> *Os céus proclamam a glória de Deus, e o firmamento anuncia as obras das suas mãos. Um dia declara isso a outro dia, e uma noite revela conhecimento a outra noite. Sem discurso, nem palavras; não se ouve a sua voz. Mas sua voz se faz ouvir por toda a terra, e suas palavras, até os confins do mundo.*
> (Salmos 19:1-4)

O Deus invisível nos deu provas de sua existência no universo conhecido — aquilo que podemos ver com nossos olhos e ponderar com nossa mente. As evidências da existência de Deus podem ser examinadas no que chamamos de "argumentos" para sua existência. As quatro principais evidências, que discutiremos a seguir, são o argumento da causa primeira (argumento cosmológico), o argumento do projeto (teleológico), o argumento moral e o argumento da experiência pessoal.

# 6

## O que diz o argumento da causa primeira sobre a existência de Deus?

Ainda quando garoto, eu (Sean) frequentemente questionava como tudo o que existe veio a existir. Eu pensava que, se o universo teve um princípio, então algo devia tê-lo criado. E esse algo, me parecia, devia ter sido Deus. Esta é a essência do *argumento da causa primeira* para a existência de Deus, também conhecido como *argumento cosmológico*.

A premissa é que tudo o que tem um início deve ter uma causa. Assim, se voltarmos o suficiente no tempo, encontraremos a causa primeira — e essa causa será Deus, o criador. Na realidade, este argumento se baseia em três premissas:

1. Tudo o que começa a existir tem uma causa.
2. O universo começou a existir.
3. Portanto, o universo tem um causa.

A primeira premissa parte da lógica simples de que algo existe (nosso universo) e esse algo não pode ter surgido do nada. É verdade que a combinação de coisas pode produzir coisas novas — por exemplo, duas partes de hidrogênio e uma parte de oxigênio dão origem à água — mas isso não é algo que surgiu do nada. A conclusão, então, é que tudo o que começa a existir tem uma causa — e o universo de fato começou a existir.

A segunda premissa se apoia, em parte, na segunda lei da termodinâmica. Essa lei declara que o universo está gastando toda a sua energia útil. Assim, se o universo não teve princípio — e fosse infinitamente velho —, já teria esgotado sua energia útil. Por exemplo, nosso sol está queimando sua energia e um dia se esgotará. Portanto, ele, junto com tudo o que começa no universo, começou a existir. (Há outras evidências científicas de que o universo começou a existir, incluindo o *redshift*,[5] o fundo cósmico de radiação de micro-ondas e as implicações da teoria geral da relatividade, elaborada por Einstein.)

A última premissa se baseia nas duas anteriores: o universo tem uma causa. Surge então a pergunta: "Quem causou a causa?" Podemos inferir nossa resposta das origens do tempo, do espaço e da matéria. É lógico concluir que, desde que o tempo, o espaço e a matéria não existiam antes do início do universo, então a "causa" do universo deve ser atemporal, ilimitada e incorpórea. Além disso, essa "causa" não pode ser física ou sujeita às leis naturais, visto que isso pressupõe uma existência envolvendo tempo, espaço e matéria. Esses pontos, tomados em conjunto, nos levam a concluir que essa "causa" atemporal, ilimitada e incorpórea foi Deus.

● ● ● ● ●

O argumento da causa primeira é forte. Em resumo, uma vez que o universo teve um princípio, então algo ou alguém teve de causá-lo. E esse alguém foi Deus. Isso pode não nos levar diretamente ao Deus de Abraão, Isaque e Jacó, mas exclui o ateísmo como uma explicação plausível para a origem do universo.

---

[5] "Desvio para o vermelho" correspondente a uma alteração na maneira pela qual a frequência das ondas de luz é observada por um receptor por meio de espectroscópio. (N. do R.)

# 7

## O que diz o argumento do projeto sobre a existência de Deus?

O *argumento do projeto* (ou do desenho) é também chamado de *argumento teleológico*. Segundo ele, as leis da natureza e o universo como um todo demonstram uma imensa complexidade claramente identificada, a marca do projeto — portanto, o universo deve proceder de um Projetista Inteligente.

Há algum tempo, eu (Sean) colaborei com o dr. William Dembski na redação de um livro intitulado *Understanding Intelligent Design*.[6] Nele, abordamos as muitas facetas do argumento do projeto. Parte da explicação constante aqui foi extraída desse livro.

Se você já visitou a Disneylândia, provavelmente deve ter notado logo na entrada um canteiro de flores disposto num banco inclinado. Suas cores e seu padrão formam uma clara semelhança com Mickey Mouse. Ninguém atribuiria aquela maravilhosa jardinagem ao mero acaso. Por quê? Em primeiro lugar, porque flores daquelas variedades e cores simplesmente não crescem por acaso para formar a figura e a cor do famoso Mickey Mouse. Os vários tipos de flores e a sofisticação de seu posicionamento indicam claramente *complexidade*. Complexidade nesse sentido equivale a dizer que é altamente

---
[6] Harvest, 2008.

improvável que aquelas flores tenham crescido aleatoriamente ali ou sido posicionadas de forma tão intrincada.

Além de ser complexo, o arranjo floral está disposto de uma forma muito específica. Algumas flores formam os olhos, outras o nariz, e outras ainda a boca e as famosas orelhas. A imagem apresenta um padrão independente — está, portanto, claramente *especificada*.

Essa combinação de complexidade (ou improbabilidade) e especificidade (ou padronização imposta) é chamada de *complexidade especificada*. A complexidade especificada é um marcador de inteligência. Como uma impressão digital ou assinatura, a complexidade especificada identifica a atividade de um agente inteligente. Os enormes canteiros de flores na Disneylândia mostram complexidade especificada e nos levam a crer que um jardineiro inteligente os criou. Existe o mesmo padrão na natureza?

## O que declara uma única célula viva

Quanto mais alguma coisa mostra complexidade especificada — isto é, quanto mais complexa é e quanto mais sua forma segue obviamente padrões específicos —, mais ela aponta para um projetista inteligente. Tome, por exemplo, o bloco básico de construção da vida humana — uma única célula. Ela tem complexidade especificada?

> Observemos rapidamente uma célula ampliada um bilhão de vezes. Em sua superfície, encontramos milhões de aberturas, como janelas num navio. Mas não são simples janelas. Elas regulam o fluxo de materiais que entram e saem da célula. As células exibem nanoengenharia numa escala e complexidade cuja compreensão os cientistas mal começaram a arranhar. Francis Crick, um dos codescobridores da estrutura do DNA, descreveu a célula como "uma minúscula fábrica, agitando-se em rápida e organizada atividade química". Isso foi no

início dos anos 1980. Os cientistas hoje pensam nas células como uma cidade automatizada.

Dentro da célula, encontramos muitas matérias-primas cuidadosamente manipuladas de um lado para outro por máquinas semelhantes a robôs, todas trabalhando em harmonia. De fato, muitos objetos diferentes se movem em perfeita harmonia através de canais aparentemente intermináveis. O nível de controle desses movimentos coreografados é verdadeiramente alucinante. E isso é apenas uma célula. Em organismos maiores, as células precisam trabalhar juntas para prover o bom funcionamento de órgãos como coração, olhos, fígado e ouvidos, e estes, por sua vez, precisam trabalhar em conjunto para assegurar a vida do organismo.

Se perscrutarmos ainda mais profundamente a célula, encontraremos espirais de DNA que armazenam a informação necessária para construir proteínas. As próprias proteínas são sistemas moleculares notadamente complexos. Uma proteína típica é composta por algumas centenas de aminoácidos organizados numa sequência precisamente ordenada que então se desdobra numa estrutura tridimensional altamente organizada. Essa estrutura permite que a proteína realize sua função dentro da célula.

Os biólogos atuais não podem nem mesmo descrever as atividades dentro da célula sem as comparar a máquinas e outras façanhas da engenharia moderna. A razão é que quase todas as características de nossa avançada tecnologia podem ser encontradas na célula.[7]

---

[7] Adaptado de DEMBSKI, William A.; McDOWELL, Sean. *Understanding Intelligent Design*. Eugene: Harvest, 2008, p. 122-3.

Quando observamos cuidadosamente o funcionamento interno da célula, uma coisa se torna evidente: há tal complexidade e sofisticação que fazem a inovação tecnológica parecer pequena hoje. É por isso que cada vez mais cientistas estão concluindo que a melhor explicação para a célula é o projeto inteligente.

### A vida requer grande quantidade de informação

A característica fundamental da vida é a informação. A vida, mesmo das células da menor bactéria, requer grande quantidade de informação para funcionar. A informação celular está armazenada no DNA. O DNA de uma célula no corpo humano guarda o equivalente a aproximadamente 8 mil livros de informação. Um corpo humano típico tem cerca de 100 trilhões de células, cada uma com um filamento de DNA que poderia ser desenrolado em cerca de 3 metros de comprimento. Assim, se todo o DNA de um ser humano adulto fosse emendado um no outro, ele se estenderia da terra até o sol e daria cerca de setenta voltas.[8]

Supondo que não houvesse nenhum Projetista Inteligente, como seria reunida a informação necessária para a vida? A resposta típica que os darwinistas apresentam é: dados tempo, matéria e oportunidade suficientes, tudo pode acontecer.

Mas quanto tempo, matéria e oportunidade estão de fato disponíveis? No início de 1913, o matemático francês Émile Borel argumentou que seria extremamente improvável que um milhão de macacos digitando dez horas por dia conseguissem reproduzir os livros de todas as bibliotecas do mundo. O universo é antigo e enorme, de acordo com Borel, mas não velho e grande o suficiente para algo tão improvável.

> Vamos limitar a esfera de ação de Borel. Em vez de nos concentrarmos em muitos livros, consideremos apenas

---

[8] ROBERTS, Hill; WHORTON, Mark. *Holman QuickSource Guide to Understanding Creation*. Nashville: B&H, 2008, p. 323.

> as obras de Shakespeare. Eis a questão: Quantos macacos e quanto tempo seriam necessários para reproduzir uma das obras de Shakespeare, ou apenas algumas linhas?
>
> O físico quântico computacional do MIT, Seth Lloyd, realizou um trabalho sobre essa questão. De acordo com Lloyd, no universo físico conhecido, a probabilidade é de produzir somente 400 *bits* de informação pré-especificada (isto é, o equivalente a uma fila de 400 zeros e uns). Isso equivale a uma sequência de 82 letras e espaços comuns. Portanto, o maior segmento inicial do monólogo de Hamlet que o universo inteiro — dados o seu tamanho e o suposto histórico de bilhões de anos — poderia produzir por acaso seriam as duas linhas seguintes:
>
> SER OU NÃO SER, EIS A QUESTÃO: SERÁ MAIS NOBRE EM NOSSO ESPÍRITO SOFRER...
>
> Claramente, o fenômeno da probabilidade é limitado em sua capacidade de explicar certas características do universo. Toda probabilidade do universo conhecido não pode digitar aleatoriamente mais do que duas linhas de Shakespeare, quanto mais um livro inteiro.[9]

Se o acaso operando ao longo do tempo não pode criar informação suficiente para duas linhas de Shakespeare, como poderia criar a complexidade especificada de uma única célula primitiva? Uma única célula requer centenas de milhares de *bits* de informação exatamente sequenciada em seu DNA. Assim, os que negam a existência de um Projetista Inteligente têm a tarefa impossível de explicar como a informação (complexidade especificada) num único e simples organismo vivo poderia surgir de um processo não governado, cego.

---

[9] Adaptado de DEMBSKI; MCDOWELL, p. 109-10.

A vida simplesmente requer informação demais para ter ocorrido aleatoriamente. Por exemplo:

> A capacidade de armazenamento do DNA ultrapassa de longe até mesmo o mais poderoso sistema de memória eletrônico hoje conhecido. Michael Denton, biólogo molecular, observa que, para todos os tipos de organismos que já viveram, a informação necessária em seu DNA para a construção de suas proteínas "poderia caber numa colher de chá e ainda restaria espaço para toda a informação de todos os livros já escritos". Mas o DNA não apenas armazena informação. Em combinação com outros sistemas celulares, ele também processa informação. Por isso, Bill Gates compara o DNA a um programa de computador, embora muito mais avançado do que qualquer *software* inventado pelos seres humanos.
>
> É por isso que o projeto inteligente explica melhor o conteúdo de informação do DNA. Imagine-se andando na praia e observar a mensagem "Sean ama Stephanie" escrita na areia. O que você concluiria? Você pensaria que Sean, Stephanie ou algum fofoqueiro estranho a tivesse escrito, mas nunca passaria por sua mente atribuir esse fato ao acaso, à necessidade ou a alguma cominação dos dois. O vento, a água e a areia simplesmente não geram informação significativa. A inferência mais razoável é que isso seja o produto de um projeto inteligente. Se, de forma justificável, inferirmos uma mente por trás de uma simples mensagem de 16 caracteres, então inferir uma inteligência para a origem da célula — que requer centenas de milhares de *bits* de informação — é plenamente justificado.[10]

---

[10] Adaptado de DEMBSKI; MCDOWELL, p. 133-4; citação incorporada de DENTON, Michael. *Evolution: A Theory in Crisis*. Chevy Chase: Adler and Adler, 1986, p. 264.

Quando olhamos para a incrível complexidade e projeto em torno de nós, vemo-nos diante de uma escolha. Ou o universo todo, até uma única célula viva, foi projetado, ou ele se desenvolveu por alguma combinação do acaso e das leis da natureza. Ou o universo é produto da ação de um Projetista Inteligente, ou de um feliz acaso cósmico.

# 8
## O que diz o argumento da lei moral sobre a existência de Deus?

Toda cultura humana conhecida tem uma lei moral. Encontramos isso nos registros de culturas passadas, bem como em todas as sociedades atuais. E a moralidade de todas essas sociedades é surpreendentemente semelhante, independentemente de quão separadas elas estejam pelo tempo, pela geografia, pelo desenvolvimento cultural ou por crenças religiosas. A moralidade definida nos Dez Mandamentos judaicos, no código babilônico de Hamurabi, no Tao chinês e no Novo Testamento cristão difere nos detalhes e na ênfase, mas não na essência.

Por exemplo, algumas sociedades permitem que os indivíduos matem para vingar um erro, enquanto outras insistem que toda execução é prerrogativa do Estado. Algumas sociedades permitem liberdade nos relacionamentos sexuais antes do matrimônio ou permitem que os homens tenham mais de uma esposa, enquanto outras proíbem tal comportamento. Mas todas têm regras que dizem que as pessoas não podem matar outras à vontade nem se envolver sexualmente com quem quiser. Essas leis protegem a vida humana. São regras que regem o casamento e os relacionamentos familiares, condenam o furto e encorajam a prática do bem aos outros.

Ao longo da história, algumas sociedades reforçaram rigidamente a moralidade, enquanto outras têm sido complacentes em um ou mais pontos. E em qualquer sociedade tem havido pessoas que resistiram à imposição da moralidade sobre seu comportamento. Quando um número significativo dessas pessoas ganha poder ou apoio suficiente para sua posição, pode ocorrer uma significativa aberração ao senso moral universal, como aconteceu na Alemanha de Hitler ou na aceitação do assassinato de meninas em alguns países asiáticos. Normalmente essas aberrações tiveram vida curta porque elementos dentro ou fora da sociedade se indignaram de tal forma a ponto de interromper o comportamento anormal. Contudo, apesar de tais variações e distorções, o mesmo senso básico de moralidade aparece onde quer que seres humanos vivam em sociedade. É como se muitas orquestras diferentes estivessem tocando de acordo com a mesma partitura, mas adaptando a harmonia para adequá-la a seus instrumentos particulares.

## Qual é a explicação?

Como podemos explicar a presença tão consistente de um código moral em todas as sociedades? Como explicar um senso de moralidade que dá a praticamente cada pessoa lúcida o senso de certo e errado? Por que deveria existir um senso moral, afinal de contas?[11] Sem apelar para uma origem superior, ou seja, Deus, o que ou quem seria responsável pelo senso moral comum a toda raça humana ao longo da história? De onde mais procederia a ética? Se dissermos que nossas intuições morais têm origem num processo de mero acaso, como a evolução, então a moralidade é um truque aleatório da natureza para nos fazer obedecer. Segue-se, então, que a moralidade não tem base objetiva e que nossas profundas intuições a respeito de determinados comportamentos são erradas. É esse o preço que você está disposto a pagar? Nós acreditamos existir uma explicação melhor.

---

[11] McDowell, Sean. *Ethics*. Nashville: B&H, 2006, p. 49-50; citação de Dostoyevsky, Fyódor. *The Brothers Karamázov*. New York: Bantam, 1970, p. 95.

Um padrão objetivo, universal e constante de verdade e moralidade aponta para a existência de um Deus pessoal e moral.

> Em *Os irmãos Karamázov*, o escritor russo Fyódor Dostoyévsky observou apropriadamente: "Se não existe a imortalidade da alma, não pode haver virtude e, portanto, tudo é permissível". Em outras palavras, se Deus não existe como fundamento da moralidade, então vale tudo. Isso não significa que ateus ou outros não crentes necessariamente praticarão mais imoralidade do que os crentes, mas significa que perdemos uma base objetiva pela qual fazer julgamentos morais. Se Deus não existe, perdemos o direito de julgar os nazistas e qualquer outra pessoa de quem discordemos moralmente. Eles acreditavam estar certos. Nós acreditamos que eles estavam errados. Sem uma lei superior sobre a humanidade, quem decide a verdade moral? Se não existe uma origem sobre os seres humanos, então a existência da moralidade é uma ilusão inexplicável.[12]

Mas se Deus existe, então temos uma base para moralidade objetiva. *Devemos* ser verdadeiros porque Deus é verdadeiro e fiel. *Devemos* praticar atos de amor porque Deus é amor. A moralidade brota do caráter e da natureza de Deus e é obrigatória sobre sua criação. A realidade das leis morais objetivas aponta para a existência de um Legislador Moral. Somente a existência e o caráter de Deus podem responder adequadamente pela moralidade objetiva.

### Pode haver uma moralidade independente?

No entanto, alguns argumentam que a moralidade pode existir independentemente de Deus. Eles afirmam que não precisamos de

---

[12] Adaptado de McDowell, Josh; Williams, Thomas. *In Search of Certainty*. Wheaton: Tyndale, 2003, p. 46-7.

um Deus para sermos bons — ou maus. Essa afirmativa, contudo, apresenta um problema: Como se define o bem ou o mal sem algum padrão moral transcendental? O mal, por exemplo, tem sido tradicionalmente entendido como a perversão do bem. Assim como a perversão implica um padrão de retidão, o mal implica um padrão de bem. C. S. Lewis disse, de forma memorável, que alegar que um bastão está torto só faz sentido à luz do conceito do que é reto. Da mesma forma, somente pode haver o mal se primeiro houver o bem.

Mas se Deus não existe, então o que é o *bem*? Sem Deus, precisamos descobrir o significado do bem por nós mesmos, e o conceito do bem objetivo desaparece. Deus se torna um termo relativo, pois ele é simplesmente o que quer que queiramos em dado momento, ou seja, o que a evolução nos tiver condicionado cegamente a crer.

• • • • •

A existência universalmente reconhecida dos valores morais objetivos é uma forte razão para crermos em Deus. Considere este simples argumento:

1. Se os valores morais objetivos existem, Deus deve existir.
2. Os valores morais objetivos existem.
3. Logo, Deus deve existir.

Sabemos que os valores morais objetivos existem. Não precisamos ser persuadidos de que, por exemplo, é errado torturar crianças. Todas as pessoas racionais sabem isso. Portanto, desde que os valores morais de fato existem, então Deus também deve existir. Esse argumento da lei moral fornece uma forte defesa para a afirmação de que um Deus de caráter moral realmente existe.

# 9

## O que diz o argumento da experiência pessoal sobre a existência de Deus?

Não muito tempo depois de eu (Josh) ter me tornado cristão, tive um debate com o chefe do departamento de história de uma universidade do Meio-Oeste. Eu estava lhe contando sobre como meu relacionamento com Deus me dera significado e propósito. Ele me interrompeu:

— McDowell, você está tentando me dizer que crê em Deus e que ele mudou sua vida? Conte-me os detalhes.

Após me ouvir durante 45 minutos, ele finalmente concluiu:

— Está certo, basta!

As pessoas costumam me perguntar "Como você sabe que se tornou cristão?" ou "Como você sabe que Deus é real?" Eu explico: ele mudou minha vida. Essa transformação é uma forma de eu ter certeza da validade da minha conversão e da existência de um Deus real e pessoal.

Você talvez já tenha ouvido falar sobre a "faísca do relâmpago" que atinge algumas pessoas em sua primeira experiência religiosa. Bem, as coisas não foram assim tão dramáticas para mim. Depois de eu ter orado, nada aconteceu. Eu quero dizer *nada* mesmo. Ainda não brotaram asas nas minhas costas nem apareceu um halo sobre minha cabeça. Na verdade, após ter firmado meu compromisso com Deus, eu me senti pior. Realmente senti que estava prestes a vomitar. *Ah, não — o que eu havia engolido?* Eu me perguntei. Realmente senti que havia chegado ao fundo do poço (e tenho certeza de que algumas pessoas pensaram que eu havia chegado mesmo!)[13]

A mudança em minha vida não foi imediata, mas foi real. Por causa do que havia acontecido entre seis e dezoito meses após minha conversão, percebi que não havia chegado ao fundo do poço. Eu havia tido uma experiência com Deus, e aquilo havia mudado tudo.

Uma experiência pessoal com Deus é uma evidência de sua realidade. Algumas pessoas podem contestar essa afirmação, dizendo que essa experiência poderia facilmente ser uma ilusão ou uma fantasia emocional ou psicológica. Mas quem experimentou genuinamente encontros similares ao que Paulo, o apóstolo, experimentou na estrada de Damasco sabem bem sobre o que estou falando. Sabem que é real. Tais experiências são uma das muitas confirmações da declaração de Paulo: *E, se sois de Cristo, então sois descendência de Abraão e herdeiros conforme a promessa* (Gálatas 3:29).

● ● ● ● ●

A experiência pessoal com Deus pode não ser uma evidência convincente para outros, mas isso não a torna menos real. Em combinação com outras evidências ou argumentos para a existência de Deus, seu testemunho pessoal pode representar um argumento poderoso de que *ele existe e recompensa os que o buscam* (Hebreus 11:6).

---

[13] McDowell, Josh; McDowell, Sean. *More Than a Carpenter*. Wheaton: Tyndale, 2009, p. 161-2.

# 10

## Se Deus fez todas as coisas, então quem ou o que fez Deus?

Embora possam existir evidências convincentes da existência de Deus, uma questão importante ainda permanece: Quem ou o que fez Deus? Parece que tudo o que existe teve um princípio em algum momento, então quando Deus teve início e quem ou o que o fez existir?

Vamos recordar as três premissas do argumento da causa primeira para a existência de Deus:

1. Tudo o que começa a existir tem uma causa.
2. O universo começou a existir.
3. Portanto, o universo tem uma causa.

É importante esclarecer que não afirmamos que *tudo o que existe precisa de uma causa*. Ao contrário, tudo o que *começa* a existir precisa ter uma causa.

Assim, a breve resposta à pergunta "Quem ou o que fez Deus?" é "Nada". Deus é eterno, o que significa que ele tem vida, sem princípio ou fim. Nunca houve um momento em que Deus não existisse, nem jamais ele terá fim. E, porque Deus sempre existiu, ele não precisa de uma causa. Essa não é uma defesa especial pelos cristãos, pois a própria definição de Deus implica um ser autoexistente. Se Deus pudesse ter uma causa para existir, não seria Deus! Veja, podemos apenas indagar consistentemente a causa de coisas que podem em princípio ser causadas, como cadeiras, livros e computadores. Mas, visto que Deus, por definição, não tem causa, não é o tipo de entidade que pode ter uma causa. Portanto, a pergunta "O que fez Deus?" é, na realidade, sem sentido.

Ao meditarmos nisso, nossa mente finita não consegue compreender ou mesmo expressar como algo ou alguém sempre existiu. Nossa tendência é pensar que tudo teve um princípio. Mas considere o seguinte: "Se o mundo nunca tivesse sido criado, seria verdade que $1+1=2$?" Sim, claro. Podemos compreender que coisas como as verdades matemáticas e as leis da lógica sempre existiram e não têm causa.

Embora nossa mente não possa compreender *como* Deus sempre existiu, isso não significa ser ilógico crer *que* é verdadeiro. Sentimos naturalmente que algo fora do nosso universo teve de fazer que o universo viesse a existir. E o eterno Deus criador é a explicação mais razoável. *Não sabes? Não ouviste?*, Isaías indagou, *que o eterno Deus, o* Senhor, *o criador dos confins da terra, não se cansa nem se fatiga?* (Isaías 40:28).

# 11

## Como Deus realmente é?

A Bíblia diz que Deus é Espírito (João 4:24) e que ninguém jamais o viu e continuou vivo (Êxodo 33:20). Então, como podemos nós, sendo humanos, e não espíritos, saber como ele é?

Embora seja verdade que Deus está oculto a nós de diversas maneiras,[14] ele, em grande medida, tem se revelado a nós. Ele tem se revelado em toda a criação. Quando vemos o mundo ao nosso redor, vislumbramos a natureza criativa de Deus, sua infinidade de gostos e sua incompreensível imensidão.

Deus se nos revelou também nas Escrituras. Por meio da confiável Palavra escrita de Deus, podemos nos aprofundar em

1. Suas características infinitas.
2. Seu coração relacional.
3. Sua natureza santa.

E porque ele se revelou a nós na pessoa de Jesus Cristo, vemos Deus em pessoa. Podemos ver de uma forma eficiente exatamente como ele quer se relacionar conosco e como ele é de forma relacional. Cada uma dessas dimensões de Deus nos dá uma compreensão maior de como ele realmente é.

---

[14] Veja "Por que Deus parece estar oculto a nós?", p. 15.

## As características infinitas de Deus

Uma das primeiras coisas que sabemos a respeito de Deus é que ele é infinito, e isso ultrapassa nossa compreensão como seres humanos finitos. O que as Escrituras nos dizem?

***Deus é eterno.*** Significa que ele possui uma vida infinita, sem princípio nem fim (veja Isaías 40:28). Deus criou o tempo e se envolve no tempo, mas ele existe eternamente, fora do tempo. Nunca houve um momento em que ele não tenha existido, e ele jamais terá fim. Nós realmente não conseguimos compreender a ideia de um ser eterno, autoexistente, mas isso faz parte da natureza de Deus.

***Deus é todo-poderoso.*** A Bíblia revela um Deus que é todo-poderoso — dizemos que ele é *onipotente*. Se ele quer fazer alguma coisa — qualquer coisa —, pode fazê-la. O rei Davi disse: *Grande é o nosso Senhor, forte em poder; não há limite para o seu entendimento!* (Salmos 147:5). O Deus onipotente, como soberano do universo, tem o poder de conhecer o futuro e fazê-lo acontecer:

> *Eu sou Deus, e não há outro semelhante a mim. Sou eu que anuncio o fim desde o princípio, e desde a antiguidade, as coisas que ainda não sucederam; sou eu que digo: O meu conselho subsistirá, e realizarei toda a minha vontade.* (Isaías 46:9, 10)

***Deus é onipresente.*** Seu conhecimento e seu poder não têm limites — por isso, dizemos que ele é *onipresente*. Novamente, como seres finitos, não podemos imaginar um ser capaz de estar sempre presente tanto dentro quanto além do nosso universo de tempo e espaço (veja Jeremias 23:23,24). Todavia, isso faz parte da natureza de Deus.

***Deus não muda.*** Por sua própria natureza, ele é confiável — dizemos que ele é *imutável*. Isso significa que ele não vacilará nem mentirá. E sempre fará o que diz (veja Salmos 102:26, 27; Números 23:19). O fato de Deus não mudar significa que ele permanece infinitamente constante, firme e seguro de si mesmo — pode-se confiar que ele sempre será o que é.

**Deus conhece tudo.** Deus tem um conhecimento infinito. Ele sabe tudo: passado, presente e futuro — dizemos que ele é *onisciente* (veja Isaías 46:9-10; Salmos 139:1). Se considerarmos tudo o que há para conhecer no universo conhecido, por mais tempo que o universo tenha existido, isso nem sequer arranharia a superfície do conhecimento de Deus.

Até aqui descrevemos Deus como um ser eterno, onipotente e que está em toda parte, que conhece todas as coisas e nunca muda. Isso nos dá a noção de algumas das infinitas características desse Deus incrível, mas não chega ao seu lado pessoal ou ao núcleo do que ele é. É nesse nível pessoal que podemos nos relacionar mais diretamente com ele.

## O coração relacional de Deus

Esse Deus infinito proferiu as palavras: *Haja...* e o mundo foi criado (Gênesis 1:3). E ele viu que isso era bom. Mas, quando Deus criou o mundo, não o fez sozinho, porque as três pessoas da Trindade estavam presentes. *O Espírito de Deus pairava sobre a face das águas* (Gênesis 1:2). O Filho, Jesus, também estava lá.

> *Ele é a imagem do Deus invisível, o primogênito sobre toda a criação; porque nele foram criadas todas as coisas nos céus e na terra, as visíveis e as invisíveis, sejam tronos, sejam dominações, sejam principados, sejam poderes; tudo foi criado por ele e para ele.* (Colossenses 1:15,16)

Esse aspecto triúno de Deus demonstra que ele é relacional. Assim, antes de haver seres humanos, antes do planeta terra, do universo ou do tempo como os conhecemos, Deus existe eternamente como um ser que se relaciona.

## Respostas surpreendentes sobre **DEUS**

Moisés registrou nas Escrituras que esse criador eterno é o *Deus zeloso* (Êxodo 34:14) em seu relacionamento conosco. E, para definir mais detalhadamente a natureza do seu relacionamento, as Escrituras dizem que *o amor é de Deus [...] porque Deus é amor* (1João 4:7, 8). Podemos, então, dizer que *Deus existe como um ser relacional amoroso*.

Parte da razão pela qual Deus criou os seres humanos foi para ter um relacionamento com eles.[15] Deus não fez isso por precisar de um relacionamento; ele já existia como relacionamento. Ele nos criou como seres relacionais porque em seu coração ele é um ser amoroso relacional que quer se relacionar conosco. Toda a criação existe por causa de sua bondade e graça relacional.

O rei Davi descreve o coração relacional de Deus:

> *O Senhor é compassivo e misericordioso; demora para irar-se e é grande em amor.* (Salmos 103:8)
>
> *Tua fidelidade estende-se de geração a geração [...] Senhor, tuas misericórdias são muitas.* (Salmos 119:90,156)
>
> *[Ele] defende os oprimidos e dá alimento aos famintos. O Senhor liberta os encarcerados; o Senhor abre os olhos aos cegos; o Senhor levanta os abatidos; o Senhor ama os justos. O Senhor protege os peregrinos e ampara o órfão e a viúva, mas transtorna o caminho dos ímpios.* (Salmos 146:7-9)
>
> *[Ele] sara os quebrantados de coração e cura suas feridas.* (Salmos 147:3)

Você compreende a imagem? O sentimento relacional de Deus é altruísta. Ele é compassivo, misericordioso, infalível, fiel, justo e cuidadoso. Seu coração puro protege aqueles a quem ele ama e lhes dá o que é bom. Ele considera a segurança, felicidade e o bem-estar de outro tão importantes como se fossem dele mesmo. Seu amor é generoso e confiante, desprendido e sacrificial, certo e seguro, leal e eterno.

---

[15] Veja "Por que Deus criou os seres humanos?", p. 76.

E, quando os seres humanos deixaram de acreditar que seu Deus amoroso visava seu bem-estar e se rebelaram contra ele, o que Deus fez? Em vez de deixá-los sozinhos em seu pecado, separados dele, Deus os alcançou em amor para trazê-los de volta para si.

> Mas Deus, que é rico em misericórdia, pelo imenso amor com que nos amou, estando nós ainda mortos em nossos pecados, deu-nos vida juntamente com Cristo. (Efésios 2:4,5)

O preço, claro, foi a morte torturante de seu Filho numa rude cruz. O Filho inocente e santo se dispôs a sofrer e morrer para que pudesse restaurar um relacionamento com você e eu. Esse é o compassivo relacionamento de Deus.

## A natureza santa de Deus

É impossível compreender ou expressar as infinitas características de Deus. Não podemos medir a profundidade do seu coração relacional. Embora ele nos tenha criado como seres relacionais e embora nós, de forma alguma, o compreendamos completamente, somos atraídos poderosamente e podemos nos relacionar com ele verdadeiramente. Fomos criados para, em troca, amá-lo e amar os outros como a nós mesmos. Mas onde nós, seres humanos, falhamos em amá-lo perfeitamente, Deus não falha. Porque *o infinito Deus de relacionamento é santo, perfeito e justo*. As Escrituras dizem: *Ele é a rocha! Suas obras são perfeitas, porque todos os seus caminhos são justos. Deus é fiel, e nele não há pecado; ele é justo e reto* (Deuteronômio 32:4).

As Escrituras revelam um Deus que é perfeitamente santo (Isaías 54:5 e Apocalipse 4:8), justo (Apocalipse 16:5) e reto (Salmos 119:137). Isso não é algo que ele *decide* fazer. Em outras palavras, ele simplesmente não decide ser santo, justo e reto; isso é algo que ele é. Tudo o que é reto, justo e bom deriva do âmago de sua natureza. As Escrituras dizem: *Toda boa dádiva e todo dom perfeito vêm do alto e descem do Pai das luzes* (Tiago 1:17).

Isso é incrivelmente importante. O que as pessoas esquecem e não compreendem a respeito de Deus é que ele é pura bondade. Tudo o que é perfeito, justo, bonito, completo, significante e eternamente pleno de contentamento, toda alegria e toda felicidade, se deve a ele e dele procede. A própria natureza e essência de Deus são boas. *O Senhor é bom e justo* (Salmos 25:8). Ele é *santo e verdadeiro* (Apocalipse 3:7). *Santo, santo, santo é o Senhor dos Exércitos* (Isaías 6:3). *O Senhor é justo em todos os seus caminhos e bondoso em todas as suas obras* (Salmos 145:17). *O Senhor é justo. Ele é minha rocha, e nele não há injustiça* (Salmos 92:15).

A natureza imutável de um Deus santo (sua imutabilidade) torna impossível que ele minta ou contrarie sua perfeita bondade (Romanos 3:3,4 e Hebreus 6:16-18). Por conseguinte, ele é o nosso padrão para definir o que é certo e errado, o que é o bem e o mal, o que é pura alegria e felicidade. Em última análise, viver e ser como Deus é experimentar a justiça, a bondade e a alegria que ele tem a oferecer. Viver e ser algo diferente dele é experimentar o mal, o sofrimento e a ausência de tudo o que é bom.

● ● ● ● ●

Para começar a compreender quem Deus realmente é, precisamos reconhecer que ele é infinito e reverenciá-lo, reconhecer sua natureza relacional e aceitá-lo, reconhecer sua bondade pura e adorá-lo. O rei Salomão, em sua sabedoria, declarou: *O temor do Senhor é o princípio da sabedoria; e o conhecimento do Santo é o entendimento* (Provérbios 9:10).

Possuir sabedoria e entendimento a respeito de Deus, da Bíblia e da própria vida envolve conhecimento de suas infinitas características, seu compassivo relacionamento de amor e sua natureza de pura bondade. Tendo isso como nosso centro de gravidade moral, podemos começar a ver a vida claramente e ter um ponto de referência para fazermos escolhas morais corretas.

# 12

## Quem é o Espírito Santo?

Quando pensamos em Deus, podemos imaginar o poderoso criador sentado em seu trono no céu. Podemos imaginá-lo na forma humana como Jesus, o Salvador do mundo. Mas nós o vemos como o Espírito Santo? E quem é Deus na pessoa do Espírito Santo?

Algumas pessoas creem que o Espírito Santo é simplesmente a influência do bem — como a "força boa" do universo. Mas o Espírito Santo é de fato uma pessoa — a terceira pessoa da Trindade (Deus Pai, Deus Filho e Deus Espírito Santo). Jesus se referiu ao Espírito como uma pessoa quando disse: *E eu rogarei ao Pai, e ele vos dará outro consolador, para que fique para sempre convosco. O Espírito da verdade [...] pois ele habita convosco e estará em vós* (João 14:16,17).

O Espírito Santo é uma das três pessoas de Deus. Ele tem uma mente e sentimentos. Ele faz escolhas. As Escrituras dizem: *E aquele que sonda os corações sabe qual é a intenção do Espírito* (Romanos 8:27). As Escrituras também dizem que o Espírito pode sentir. Não devemos entristecer o Espírito Santo de Deus com a maneira como vivemos (Efésios 4:30). Ele decide quem receberá dons espirituais: *Mas um só Espírito realiza todas essas coisas, distribuindo-as individualmente conforme deseja* (1Coríntios 12:11). O apóstolo Pedro disse também a um homem chamado Ananias: *... para que mentisses ao Espírito Santo*

(Atos 5:3). Ananias não estava mentindo a uma influência; ele estava mentindo a uma pessoa. Pedro acrescentou: *Não mentiste aos homens, mas a Deus* (Atos 5:4).

Ao ser enviado por Deus, o Espírito Santo se tornou o agente interativo de Deus para nós. Quando ele foi "derramado" sobre o povo de Deus no dia de Pentecoste (veja Atos 2), podemos dizer que a palavra "Deus" não foi apenas um substantivo — tornou-se também um verbo. Em vez de apenas aprender quem é Deus ou seguir o ensino de Jesus de forma impessoal, nós experimentamos Deus realmente enviado à nossa vida pelo Espírito. Ele é ativo, o Deus agente que nos impele à ação. Deus, o Espírito Santo, consiste em viver, amar, responder, apreciar, respeitar, disciplinar, crescer, capacitar e um sem-número de tais verbos.

• • • • •

O Espírito Santo é a pessoa de Deus dinâmica, ativa e sempre presente. Nós o experimentamos em nosso viver diário. Além disso, ele demonstra a si mesmo em nossa capacidade de amar como Deus ama. *Se amamos uns aos outros*, disse João, *Deus permanece em nós, e seu amor é em nós aperfeiçoado. Assim, sabemos que permanecemos nele, e ele em nós, por ele nos haver dado do seu Espírito* (1João 4:12,13). O Espírito Santo é real. Ele se evidenciou poderosamente no dia de Pentecoste dois milênios atrás. E sua presença é uma prova adicional de que pertencemos a Deus, porque *o próprio Espírito dá testemunho ao nosso espírito de que somos filhos de Deus* (Romanos 8:16).

# 13

## O que significa Deus ser uma Trindade?

A ideia de Deus ser três pessoas em uma tem confundido muita gente. O que significa exatamente Deus ser uma Trindade?

A Bíblia ensina que existe apenas um Deus. Chamamos isso de *monoteísmo*. *Ouve, ó Israel: O Senhor, nosso Deus, é o único Senhor* (Deuteronômio 6:4). Jesus fez essa citação em Marcos 12:29, confirmando a existência de um único Deus. Então, como as pessoas dizem que Deus é uma Trindade — como podem existir três Deuses e, todavia, serem eles um só Deus?

Deus ser uma Trindade não significa existirem três Deuses. Deus existe como três pessoas e mesmo assim ele é um só ser. Cada *pessoa* da Trindade — o Pai, o Filho e o Espírito Santo — tem uma identidade separada ao mesmo tempo que possui a plena natureza de Deus.

Jesus é o divino Filho de Deus. Isso não significa que Jesus foi criado por Deus. De fato, as Escrituras dizem claramente que ele sempre coexistiu com Deus (veja João 1:1-3). O próprio Jesus declarou ter eternamente coexistido com seu Pai. E, com base nessa declaração, *os judeus procuravam ainda mais matá-lo, não só porque infringia o sábado, mas também porque dizia que Deus era seu Pai, fazendo-se igual a Deus*

(João 5:18). O apóstolo Paulo declarou que Jesus era divino. *Deles são os patriarcas, e deles descende o Cristo segundo a carne, o qual é sobre todas as coisas, Deus bendito eternamente* (Romanos 9:5). O escritor da carta aos Hebreus diz: *Ele é o resplendor da sua glória e a representação exata do seu Ser* (Hebreus 1:3).

Então, Deus, o Pai, coexiste com Deus, o Filho:

> *Ele é a imagem do Deus invisível, o primogênito sobre toda a criação; porque nele foram criadas todas as coisas nos céus e na terra [...]. Ele existe antes de todas as coisas, e nele tudo subsiste.* (Colossenses 1:15-17)

Paulo se refere tanto a Deus Pai quanto a Jesus como Deus. *... mediante a pregação que me foi confiada segundo a ordem de Deus, nosso Salvador. Graça e paz da parte de Deus Pai e de Cristo Jesus, nosso Salvador* (Tito 1:3,4). Deus, o Pai, é divino. Deus, o Filho é divino.

Deus Espírito Santo é também divino. O apóstolo Pedro reconheceu isso quando apontou a transgressão de um homem na igreja de Jerusalém (Atos 5:3,4). O Espírito coexiste eternamente com o Pai e o Filho e estava presente na criação (veja Gênesis 1:2). A respeito dele Jesus disse: *E eu rogarei ao Pai, e ele vos dará outro consolador [...]. Mas o consolador, o Espírito Santo a quem o Pai enviará [...], vos ensinará todas as coisas e vos fará lembrar de tudo o que vos tenho dito* (João 14:16,26). Paulo disse: *Nele, também vós, tendo ouvido a palavra da verdade [...] e nele também crido, fostes selados com o Espírito Santo da promessa* (Efésios 1:13). Jesus disse que o Espírito [é santo por ser ele o Espírito do Deus Santo. Ele é a terceira pessoa do Deus trino.

Concluindo, a doutrina da Trindade foi formulada em fidelidade aos ensinos da Bíblia sobre a natureza de Deus, num esforço de expressar sua verdade."[16]

---

[16] Para mais informações sobre a Trindade, veja cap. 36 de Josh McDowell; Sean McDowell. *The Unshakable Truth*. Eugene: Harvest, 2010.

# 14

## Deus é do sexo masculino ou feminino?

Perguntar "Deus é do sexo masculino ou feminino?" é como perguntar se Deus é destro ou canhoto. Ou se sua língua nativa é português ou inglês. A verdade é que Deus não está confinado por nosso mundo humano ou material. Ele nos criou à sua imagem e semelhança, mas difere de nós de muitas maneiras.

Jesus disse: *Deus é Espírito, e é necessário que os que o adoram o adorem no Espírito e em verdade* (João 4:24). É verdade que Deus assumiu a forma humana na pessoa de Jesus, que, claro, era do sexo masculino, mas Deus não existe como um ser material ou físico. Por isso, nesse sentido, ele não pertence nem ao sexo masculino nem ao feminino na forma como conhecemos o gênero humano.

Ao mesmo tempo, Deus escolheu criar e usar figuras de retórica de si mesmo tanto masculinas como femininas. Claro que ele se refere a si mesmo como Pai e a Jesus como Filho de Deus, ambas imagens masculinas. Todavia, Jesus referiu-se a si mesmo usando imagem feminina, ao dizer: *Quantas vezes eu quis ajuntar teus filhos, como a galinha ajunta seus filhotes debaixo das asas, e não quiseste!* (Mateus 23:37).

Algumas pessoas têm sugerido que a atração natural do sexo masculino pelo feminino está radicado na natureza de Deus. O magnetismo do homem para com a mulher e da mulher para com o homem tem origem na união e completude de um Deus que comporta tanto as características masculinas quanto femininas. Essa ideia sugere que Deus tem inerentemente as características masculinas e femininas, e quando essas características são colocadas separadamente em cada sexo, elas se atraem como polos magnéticos opostos. Essa é, pelo menos, uma teoria de por que os sexos masculino e feminino se atraem mutuamente.

No entanto, pelas Escrituras Deus escolheu basicamente se caracterizar em termos masculinos mesmo não sendo ele inteiramente masculino nem inteiramente feminino. E, independentemente de termos nascido homem ou mulher, Deus se refere aos seus redimidos como filhos (Romanos 8:14), sua esposa (Efésios 5:25-27), seu templo santo (Efésios 2:21, 22), seus coerdeiros (Romanos 8:17) e geração eleita, sacerdócio real, nação santa e propriedade exclusiva (1Pedro 2:9).

Assim, embora Deus não seja nem do sexo masculino nem feminino, ele pode se relacionar conosco como homem ou mulher igualmente, porque ele nos ama de igual forma e providenciou para que todos nós estivéssemos em comunhão com ele.

## 15

## Deus pode cometer erros, como sentir ciúmes?

A Bíblia diz que Deus é um Deus ciumento. Mas sentir ciúmes é errado. Então, como isso pode ser correto se Deus não faz nada errado?

Se Deus é alguma coisa, ele é perfeitamente bom. *Ele é a rocha! Suas obras são perfeitas*, afirmam as Escrituras. *Suas obras são perfeitas, porque todos os seus caminhos são justos [...] ele é justo e reto* (Deuteronômio 32:4). Adicionalmente, o escritor do livro de Hebreus nos diz que Deus jurou por si mesmo ao fazer a promessa a Abraão, e essas duas coisas estão baseadas em seu caráter sem pecado, que é imutável. *Para que nós [...] tenhamos grande ânimo por meio de duas coisas imutáveis, nas quais é impossível que Deus minta* (Hebreus 6:18). Porque Deus mentir seria ir contra sua natureza e seu caráter, o que ele não pode fazer.[17]

### Como pode ser correto Deus sentir ciúmes?

Mas se Deus não pode cometer erro, por que a Bíblia diz que ele sente ciúmes? Certamente sentir ciúmes é errado — pelo menos nós, seres humanos, não devemos ter ciúmes. Certo?

---

[17] Para saber mais a respeito do caráter puro de Deus, veja resposta a "Como Deus realmente é?", p. 48.

Em 1Coríntios, Paulo diz: *Porque ainda sois carnais. Visto que há inveja e discórdias entre vós* (1Coríntios 3:3). É claramente errado ser egoisticamente possessivo e litigioso para com aqueles que têm algo que você quer, e o apóstolo estava falando exatamente sobre isso. Todavia, logo na carta seguinte, Paulo escreveu aos coríntios: *Porque tenho ciúme de vós, e esse ciúme vem de Deus* (2Coríntios 11:2). Aqui Paulo está preocupado com a pureza e a devoção dos coríntios a Cristo e por isso ele tinha ciúme da mesma forma que Deus é ciumento. Obviamente, Paulo não está condenando os ciúmes de Deus. Então, que tipo de ciúmes Deus demonstra?

Em Êxodo, está escrito: *Porque não adorarás nenhum outro deus; pois o S*ENHOR*, cujo nome é Zeloso, é Deus zeloso* (Êxodo 34:14). Josué também disse aos filhos de Israel que o Deus deles era *Deus santo* e *Deus zeloso* (Josué 24:19). Essas duas palavras *Deus zeloso* correspondem à expressão em hebraico *el qana*, que denota paixão e zelo. Embora a palavra "ciúmes" em português seja principalmente usada no sentido negativo, no hebraico ela expressa paixão e carinho, frequentemente em conexão com o relacionamento conjugal. Deus considerava os filhos de Israel como se fossem seu parceiro conjugal e queria que eles o amassem como uma esposa se dedicaria exclusivamente ao marido. Por isso disse que eles não deveriam adorar ninguém mais além dele. Ele quer ser amado com amor puro e apaixonado, reservado somente para ele.

### Um exemplo humano

Como seres relacionais, queremos ser amados com exclusividade. Como você se sentiria se alguém dissesse que o ama verdadeiramente e depois o enganasse? Não é errado sentir-se mal em relação a alguém que esteja traindo você, é? Não é natural ser o primeiro na vida de alguém?

Imagine eu (Sean) em minha lua de mel. Enquanto Stephanie e eu estamos passeando romanticamente pela praia, eu me volto para ela, olho profundamente em seus olhos e digo: "Stephanie, querida, dos bilhões de mulheres deste planeta, você está na lista das dez melhores". Imagine minha jovem esposa inclinando a cabeça em meu ombro e me olhando nos olhos. "Oh, Sean, obrigada. Isso significa muito para mim. Emociona-me saber que estou entre as dez mulheres que você ama! Apenas estar em sua lista, querido, para mim é suficiente".

Você pode imaginar esse tipo de resposta? Eu não. Stephanie ficaria ofendida, magoada e preocupada se eu amasse outra mulher além dela. E deveria mesmo ficar. Minha esposa quer ser a número um em minha vida. Você e eu fomos relacionalmente criados dessa forma. Fomos projetados para querer, de modo ciumento, o amor exclusivo um do outro.

E porque Deus é perfeitamente bom e santo, seus ciúmes não são, de forma alguma, egoístas. Ele sabe que quando o amamos com exclusividade — de todo o nosso coração, alma e força —, isso nos permite experimentar a alegria e o significado do que estamos procurando na vida. É por isso que ele nos convida a adorá-lo, e a ele somente. Não é, de forma nenhuma, errado Deus querer de modo exclusivo nosso amor e nossa devoção. Na verdade, seu amor ciumento é um modelo para seguirmos.

# 16

## De onde veio o mal?

O mal deve ter vindo de algum lugar, certo? Mas de onde? As Escrituras declaram que *Deus é fiel, e nele não há pecado; ele é justo e reto* (Deuteronômio 32:4). E a Bíblia ainda afirma que *todas as coisas foram feitas por intermédio dele, e, sem ele, nada do que foi feito existiria* (João 1:3). Então, se o criador de todas as coisas é bom, sem pecado, como existe o mal no mundo? Sabendo que o mal existe e que Deus criou todas as coisas, como podemos dizer que Deus não criou o mal? E se ele não o criou, de onde o mal procede?

Deus é perfeitamente bom e santo e criou somente criaturas perfeitas. Todavia, ele deu à sua criação humana o poder da livre escolha ou livre-arbítrio. Os primeiros seres humanos tiveram a escolha de confiar nele, crer que ele era bom e que tinha o melhor interesse deles em mente ao lhes dar uma ordem para obedecer. Infelizmente eles usaram esse poder bom numa escolha contra Deus, e isso trouxe o mal a este mundo.

### A possibilidade do mal

Assim, a possibilidade do mal surgiu de Deus, mas não diretamente. O mal veio do abuso de um poder bom chamado livre-arbítrio. Deus pode ser responsável pela possibilidade da existência do mal no mundo, no entanto o mal foi a escolha dos seres humanos que tornaram o mal uma realidade no mundo. Podemos dizer que Deus produz o *fato* da livre escolha, mas é o homem ou a mulher individualmente que efetuam o *ato* da livre escolha.

É claro que Deus poderia ter criado um mundo sem livre-arbítrio. Os humanos poderiam ter sido "programados" para fazer o bem e adorá-lo perfeitamente. No entanto, num mundo sem escolhas o verdadeiro significado de "Eu te amo" seria perdido. O efeito e a realidade satisfatórios de amar outra pessoa são nulos e sem sentido se não existir o poder da livre escolha. Deus quis que experimentássemos a realidade de um relacionamento amoroso com ele. O grande risco foi a possibilidade do mal. E a responsabilidade de agir sobre essa possibilidade ficou com os seres humanos, não com Deus.

## A realidade do mal

Deus tornou o mal possível, e os seres humanos o fizeram real. Mas o que levou os primeiros seres humanos a escolherem o mal?[18] No caso de Eva, a primeira mulher, a escolha foi comer um fruto que Deus havia ordenado que ela e o marido, Adão, não comessem. O primeiro casal teve o poder do livre-arbítrio. Eles poderiam ter escolhido obedecer a Deus e não comer do fruto proibido. Mas quando a serpente — o tentador — disse a Eva que, na realidade, Deus não sabia do que estava falando, ela deu atenção. A serpente disse que ela se tornaria igual a Deus, conhecedora tanto do bem quanto do mal. As Escrituras registram: *Então, vendo a mulher que a árvore era boa para dela comer, agradável aos olhos e desejável para dar entendimento* [por ato de sua livre vontade], *tomou do seu fruto, comeu* (Gênesis 3:6).

Deus tinha dado a Eva uma boa coisa. Ela recebeu o poder de escolher entre o que *ela* considerou ser certo e errado em contraste com permitir que Deus fosse o único árbitro sobre o que era certo e errado. Deus foi, e é, o soberano que julga entre o certo e o errado.

---

[18] Veja "O que leva as pessoas a pecarem atualmente?", p. 69.

Todavia, Eva quis essa prerrogativa — quis ser soberana em si mesma, com a capacidade de escolher o que pensava ser o seu melhor interesse.

● ● ● ● ●

Resumindo: De onde veio mal, e o que fez o primeiro ser humano o escolher? Eva cobiçou a sabedoria de Deus — sua soberana determinação sobre o que era do melhor interesse para os seres humanos. Deus concedeu ao primeiro casal o poder do livre-arbítrio, e eles escolheram seguir os próprios desejos em vez da vontade de Deus. O mal nasceu de uma escolha de crer que Deus estava negando à criação humana o que era bom. Como resultado, os primeiros seres humanos cometeram um ato pecaminoso de soberania, em desobediência à ordem do seu criador.

# 17

## O que é exatamente o mal?

Os seres humanos tiveram a experiência do mal pela primeira vez quando o casal original exerceu o poder do livre-arbítrio, escolhendo não confiar em Deus e ir contra ele.[19] Visto sabermos que o mal existe, o que exatamente ele é? O mal é uma entidade, uma coisa que existe em si e por si, independentemente do livre-arbítrio de um ser humano?

As Escrituras afirmam claramente que *Deus criou todas as coisas* (veja João 1:1-3; Colossenses 1:15-17). E, se aceitamos que o mal é uma realidade, como podemos dizer que Deus não o criou? A resposta está no fato de que o mal não é uma coisa ou substância ou entidade que foi criada. Em vez disso, o mal é a corrupção de uma coisa boa que Deus de fato criou. Vamos explicar.

Deus fez os humanos, e isso foi bom. Essa afirmação aparece várias vezes em Gênesis 1. Deus concedeu aos seres humanos o poder do livre-arbítrio, e isso também foi bom. Isso significa que Deus lhes deu a escolha de crerem ser ele o árbitro do certo e do errado, e que Deus sabia o que era melhor para eles ao instruí-los a não comerem de certo fruto — e isso era bom. Quando os primeiros seres humanos acreditaram que Deus *não* sabia o que era o melhor para eles — e isso foi corromper uma coisa particularmente boa —, o mal nasceu.

---

[19] Veja "De onde veio o mal?", p. 64.

O mal, então, não é uma substância ou entidade, mas a corrupção do que é bom. Isso significa que o mal é um parasita do bem. Em outras palavras, o mal depende da existência do bem, mas o bem não depende do mal. Assim, enquanto pode existir o bem sem o mal, não pode haver o mal sem a existência do bem. Assim como o conceito de "tendência ao erro" requer "retidão", a existência do mal requer que o bem seja previamente existente.

O mal se tornou uma realidade quando houve 1) rejeição ao que Deus disse ser verdade e digno de obediência, e 2) um ato em oposição à sua ordem. Deus queria que os seres humanos confiassem nele e lhe obedecessem. De fato, ele projetou todos nós para vivermos de modo pleno e expressivo, adorando-o e vivendo em correto relacionamento com ele. E, quando a humanidade tomou a decisão de parar de confiar nele e seguir seus caminhos, o mal se tornou uma realidade.

# 18

## O que leva as pessoas a pecarem atualmente?

Provavelmente você já ouviu alguém que fez algo errado apresentar a seguinte justificativa para sua ação: "O Diabo me fez praticá-la". Será que Satanás, as pessoas ou a tentação nos fazem cometer erros? O que leva as pessoas a pecarem? Por pecado, queremos dizer qualquer pensamento, atitude ou ação que não expresse ou confirme o santo caráter e natureza de Deus.[20]

### A condição humana

Para compreender a *causa* do pecado das pessoas, precisamos entender a *condição* da pessoa que peca. E não precisamos analisar mais do que nós mesmos ou nossos filhos para alcançar essa compreensão. Se você conviver com crianças durante algum tempo, comprovará que uma criança sem nenhuma orientação manifesta uma tendência independente centrada no "eu". Desde a infância, ao que parece, nós lutamos por controle para obter o que queremos e da maneira como queremos. De uma forma ou de outra, esse impulso independente de manter-se no comando está por trás de toda luta pelo poder, todo preconceito, todo conflito e todo uso indevido de relacionamentos desde a aurora dos tempos. Essa propensão ao pecado vem de dentro

---

[20] Veja "Como Deus realmente é?", p. 48.

de nós. Mas devemos perguntar: "De onde vem a compulsão por fazer coisas erradas?"

Quando Adão e Eva, o primeiro casal, se viram diante de uma escolha, estavam vivendo num mundo perfeito, em um perfeito relacionamento com Deus. Mas, como lhes foi dado o livre-arbítrio — o poder da escolha —, existia a possibilidade do mal.[21] Eles poderiam ter acreditado que a ordem de Deus para não comerem da árvore do conhecimento do bem e do mal era uma proibição altruísta e que o interesse de Deus era o melhor para eles. Mas não creram.

*Portanto, assim como o pecado entrou no mundo por um só homem, e pelo pecado, a morte,* dizem as Escrituras, *assim também a morte passou a todos os homens, pois todos pecaram* (Romanos 5:12). Isso significa que, desde o nascimento, começamos com uma natureza egocêntrica, atuando em causa própria, exigindo coisas no exato momento em que as queremos. Por isso, não é o Diabo ou qualquer outra coisa que nos faz pecar. O Diabo não é uma entidade fora de nós que nos seduz ao pecado. A natureza pecaminosa dentro de nós resulta de estarmos espiritualmente separados de um relacionamento íntimo e contínuo com um Deus santo. E é essa natureza pecaminosa que tem *o desejo da carne, o desejo dos olhos e o orgulho dos bens* (1João 2:16). *Pois onde há inveja e sentimento ambicioso, aí há confusão e todo tipo de práticas nocivas* (Tiago 3:16).

## Não é tão ruim assim, é?

O pecado é a condição depravada de toda a raça humana. No entanto, preferimos pensar que a nossa disposição para o pecado não é tão ruim assim. Mas a depravação dos seres humanos vem do âmago e lhes dá a capacidade de atos de crueldade e falta de compaixão contra o inocente. Por exemplo, de 1932 a 1933, milhões de ucranianos foram forçados a morrer de inanição por motivos políticos. Houve os

---

[21] Veja "De onde veio o mal?", p. 64.

campos de morte de Dachau, Buchenwald e Auschwitz, onde milhões de judeus — homens, mulheres e crianças — foram envenenados com gás pelos nazistas durante a II Guerra Mundial. Outros enfrentaram nesse mesmo período as insanas experiências médicas de Josef Mengele, que realizou procedimentos torturantes com homens, mulheres e crianças pelo "progresso da raça ariana".

Historicamente, a brutalidade da guerra incluiu torturas terríveis de todo tipo, estupro e fome em massa. A imprensa narrou os atos de "limpeza étnica" na Croácia, Bósnia e Herzegovina durante os anos 1980 e 1990. Continuam vindo à tona os horrores que acontecem no Sudão e em Darfur. A maldade humana é tão novidade quanto os jornais de hoje. Enquanto escrevíamos este livro, ficamos sabendo que "uma investigação das Nações Unidas concluiu que as forças sírias cometeram crimes contra a humanidade, matando e torturando centenas de crianças, incluindo uma menina de 2 anos de idade, ao que consta, morta a tiros para que ela não crescesse e se tornasse uma manifestante".[22] Durante séculos, o mundo tem testemunhado o bárbaro abuso de humanos por humanos.

Dizemos que esses atos terríveis são desumanos e cruéis. Mas a realidade é que são totalmente humanos — o resultado da depravada natureza das pessoas. A raça humana tem uma capacidade inimaginável de praticar o mal. Em cada coração humano, estão as sementes da crueldade e da corrupção. As Escrituras dizem: *Todos se desviaram e juntos se corromperam; não há quem faça o bem, não há um sequer* (Salmos 14:3). A causa do pecado vem de dentro, não de forças externas.

A boa notícia, entretanto, é que Deus mandou seu único Filho para nos perdoar os pecados e purificar nosso coração. Jesus disse: *Bem-aventurados os limpos de coração, pois verão a Deus* (Mateus 5:8).

---

[22] KARAM, Zeina; HEILPRIN, John. "U.N. Says Children Tortured in Syria", *Akron Beacon Journal*, 29 de novembro de 2011.

# 19

## Se Deus é tão amoroso, por que Ele não pode ser mais tolerante com o pecado?

Todos nós sabemos que Deus tem um sério problema com o pecado, mas por que ele não pode ser menos exigente e mais compreensivo com nossa imperfeição? Podemos pensar algo como "Por que Deus não pode ser mais perdoador e fazer vistas grossas a nossas fraquezas e fracassos?" Se ele é verdadeiramente amoroso, deveria ser mais tolerante com nossas deficiências, certo?

A realidade é que Deus é misericordioso, mas isso não é exatamente o mesmo que ser tolerante. Em primeiro lugar, muitas pessoas não compreendem a seriedade do pecado e o grande custo que representa para Deus pessoalmente perdoar nossos pecados. Quando vemos a combinação de sua santidade e justiça, obtemos uma compreensão maior de sua misericórdia. E é preciso muito tempo para responder por que ele não pode tolerar o pecado e ser misericordioso ao mesmo tempo.

Há uma razão para Deus não suportar o pecado. Veja, sua natureza essencial é santa e pura. Não há impureza de intenção ou de ação nele, porque ele é perfeito e sem pecado (veja Deuteronômio 32:4; Isaías 54:5; Apocalipse 4:8.) Assim, um Deus santo não pode se relacionar com o pecado de maneira alguma. A respeito dele, a Bíblia diz: *Tu, que és tão puro de olhos, que não podes ver o mal e não podes contemplar a maldade!* (Habacuque 1:13). Ele é tão santo que não pode permitir o pecado de forma alguma. Fazer isso seria violar a essência de quem ele é.

## A separação

Por isso, nosso pecado nos separa naturalmente de Deus. E a separação relacional dele causa a morte espiritual. *O salário do pecado*, diz a Bíblia, *é a morte* (Romanos 6:23). É essa morte ou separação que preserva sua santidade de Deus.

E, porque ele é um Deus de amor, a Bíblia declara que *ele tem prazer na misericórdia* (Miqueias 7:18b). O rei Davi disse que *seu amor dura para sempre* (Salmos 107:1). No Novo Testamento, lemos: *Deus [...] é rico em misericórdia, pelo imenso amor com que nos amou* (Efésios 2:4). No entanto, mesmo Deus sendo misericordioso para conosco, há o problema que mencionamos anteriormente — o problema com o pecado. Deus não pode ter nenhum relacionamento com o pecado, e nós, como seres humanos, temos uma doença chamada pecado. Então o que Deus precisa fazer?

## Como as características de Deus combinam

A resposta está na combinação do misericordioso amor e da perfeita justiça de Deus. A misericórdia em si não pode ignorar ou mesmo perdoar o pecado sem tratar o pecado com justiça. Tem de haver pagamento pelo pecado. E é onde entra a justiça de Deus.

*O Senhor é justo*, diz a Bíblia. *Ele é minha rocha, e nele não há injustiça* (Salmos 92:15). *Todas as suas obras são corretas, e os seus caminhos, justos* (Daniel 4:37). É a natureza justa de Deus que exige que o pecado seja separado da pureza, que o erro seja corrigido e que o mal seja vencido. Todavia, em sua justa insistência sobre a justiça, Deus ainda é misericordioso. *Quanto ao todo-poderoso, não conseguimos compreendê-lo;*

*ele é grande em poder e justiça, pleno de retidão. Ele não oprimiria ninguém* (Jó 37:23). Assim, em vez de ser tolerante com nosso pecado, o senso de justiça de Deus, combinado com a sua misericórdia, realiza o pagamento por ele.

Desse modo, em sua misericórdia, Deus paga por nosso pecado com nada menos do que a morte do seu único Filho. Herdamos nossa condição pecaminosa no nascimento desde o primeiro casal humano que pecou (Romanos 5:12). Entretanto, *sabemos que não foi com coisas perecíveis, como prata ou ouro, que fostes resgatados da vossa maneira fútil de viver, recebida por herança dos vossos pais. E, sim, pelo precioso sangue, como de um cordeiro sem defeito e sem mancha, o sangue de Cristo* (1Pedro 1:18,19).

O *Cordeiro sem mancha* satisfaz a exigência tanto da santidade de Deus como de sua justiça. Sua santidade é satisfeita porque Jesus foi sem pecado — um sacrifício perfeito, sem pecado. Somos *justificados gratuitamente pela sua graça, por meio da redenção que há em Cristo Jesus, a quem Deus ofereceu como sacrifício propiciatório, por meio da fé, por seu sangue, para demonstração da sua justiça* (Romanos 3:24,25). A justiça de Deus é satisfeita porque a morte de Cristo pagou o "salário do pecado", que é a morte. Deus pagou um preço muito alto para nos conceder perdão. Embora não possa ser tolerante com o pecado, ele pagou o preço para poder estender sua misericórdia a nós por meio de Cristo.

## 20

## Por que Deus criou os seres humanos?

Deus estava solitário e queria alguém com quem se relacionar... por isso criou os seres humanos? Ele estava entediado e certo dia se sentiu especialmente criativo e então produziu um universo que incluiu pessoas? Por que Deus criou os seres humanos?

Após ter criado o primeiro humano, Deus fez uma surpreendente declaração: *Não é bom...* (Gênesis 2:18). Ele havia criado tudo antes disso e, após cada etapa da criação, constatou que *isso era bom*. No entanto, nesse mundo perfeito, antes de os seres humanos pecarem, Deus afirmou que algo não era bom. O que era essa coisa "não boa"? Era a solidão do homem.

Algumas pessoas têm especulado o seguinte: uma vez que a solidão não era boa mesmo num mundo perfeito, Deus deve ter se sentido também solitário, e essa é a razão para ter criado os seres humanos. Talvez ele quisesse ou mesmo precisasse de um relacionamento, por isso criou os seres humanos para acabar com a própria solidão. Um grande problema nesse raciocínio é que isso implica algo estar *faltando* em Deus. Todavia, se Deus é perfeito, nada podia estar faltando.

Outro problema nessa ideia é que o Deus eterno nunca está só. Constituído de três pessoas, Deus existe num relacionamento eterno.

Um ciclo contínuo de perfeito relacionamento tem existido eternamente em Deus Pai, Filho e Espírito Santo.[23]

É verdade que o primeiro ser humano criado era solitário. Mas Deus consertou o que "não era bom" ao criar outro ser humano com a finalidade de estabelecer relacionamentos humanos. Então, por que Deus criou os seres humanos em primeiro lugar se ele não estava sozinho?

## O prazer do relacionamento

Quando Deus disse: *Façamos o homem à nossa imagem, conforme a nossa semelhança* (Gênesis 1:26), estava projetando cada um de nós para vivermos e desfrutar a vida em relacionamento como ele fazia. Embora jamais possamos compreender o perfeito relacionamento na Trindade em sua plenitude, temos a capacidade de experimentar o prazer do que o relacionamento verdadeiramente oferece.

Jesus disse: *Eu vos tenho dito essas coisas para que a minha alegria permaneça em vós, e a vossa alegria seja plena* (João 15:11). Na realidade, Deus está dizendo: "Tornem-se íntimos meus, permitam que a minha alegria esteja em vocês e, por meio do nosso íntimo relacionamento, vocês experimentarão a verdadeira alegria de viver, porque produzirão o fruto da minha natureza — amor, alegria, paz, paciência, benignidade, bondade, fidelidade, amabilidade e domínio próprio [veja Gálatas 5:22,23]. E, agindo assim, vocês refletirão minha presença e me darão glória!" *E foi por isso que Deus criou os humanos — para glorificá-lo.*

Em 1647, os reformadores ingleses criaram o *Catecismo de Westminster*, composto por 107 perguntas e respostas. A primeira era: "Qual a principal finalidade do ser humano?" A resposta: "A principal finalidade do ser humano é glorificar a Deus e deleitar-se nele para sempre". Isso declara de forma muito sucinta a razão pela qual Deus criou o ser humano.

---

[23] Veja "O que significa Deus ser uma Trindade?", p. 57.

*Porque todas as coisas são dele*, declaram as Escrituras, *por ele e para ele. A ele seja a glória eternamente* (Romanos 11:36). *Tributai ao Senhor a glória devida ao seu nome* (1Crônicas 16:29). Não importa o que se diga, se pense ou se faça, a Bíblia nos admoesta a realizar *tudo para a glória de Deus* (1Coríntios 10:31), *para que em tudo Deus seja glorificado* (1Pedro 4:11).

Dar glória a Deus — isto é, exaltá-lo, enaltecê-lo, louvá-lo, refletir sobre ele honrosamente — é, de fato, o nosso propósito na vida. Embora o pecado tenha rompido o nosso relacionamento com Deus, nossa semelhança com ele pode ser restaurada por causa de Cristo, quando *todos nós, com o rosto descoberto, refletindo como um espelho a glória do Senhor, somos transformados de glória em glória na mesma imagem, que vem do Espírito do Senhor* (2Coríntios 3:18). Assim, Deus nos criou para que pudéssemos desfrutar eternamente um relacionamento com ele e, fazendo isso, dar-lhe grande honra e glória.

# 21

## Deus criou outros seres inteligentes além dos humanos?

Somos os únicos seres finitos inteligentes do universo? Existem outros seres em algum lugar, criados por Deus, nossos "parentes alienígenas"? Muitos têm especulado sobre a existência de vida inteligente em algum lugar no distante universo — argumentando que apenas ainda não fizemos contato com eles.

O rei Davi escreveu: *Quando contemplo os teus céus, obra dos teus dedos, a lua e as estrelas que estabeleceste, que é o homem, para que te lembres dele? E o filho do homem, para que o visites?* (Salmos 8:3,4). O espaço que Deus criou, em sua vastidão e mistério, é majestoso, impressionante e além da nossa compreensão.

Os cientistas dizem que a matéria se espalha por mais de pelo menos 93 bilhões de anos-luz. Existem provavelmente mais de 100 bilhões de galáxias no universo observável, com incontáveis bilhões de planetas.[24] Isto nos deixa aturdidos! E nos faz perguntar: Somos os únicos seres inteligentes criados por Deus neste vasto universo?

Muitos livros, estudos e relatórios alegam haver evidências confiáveis que confirmam a existência de seres extraterrestres. E muitos livros e relatórios refutam e contradizem essas afirmações. Uma coisa

---

[24] *Age and Size of the Universe*, disponível em: www.en.wikipedia.ong/wiki/universe, 2009.

parece certa — se existem extraterrestres capazes de visitar a terra, eles não optaram por tornar sua presença amplamente conhecida do público.

Nada na Bíblia revela a existência de vida inteligente em outros planetas. As Escrituras silenciam sobre esse assunto. Somos informados da existência de demônios, anjos, serafins e querubins, mas não há referência a outros tipos de vida inteligente.

No entanto, se houver vida em outros planetas distantes, isso não contradiz as convicções cristãs. Deus é o criador do universo e, se ele criou outras formas de vida e não nos revelou a respeito — isso é prerrogativa dele. E apenas porque ele escolheu não nos dizer, isso não significa que não existam outros seres inteligentes lá fora. A conclusão é: simplesmente não sabemos.

# 22

## É realmente possível conhecer a verdade?

Até aqui tentamos responder a 21 perguntas neste livro. E muitas delas consideram que existem verdades sobre Deus e as Escrituras — verdades que fornecem respostas satisfatórias. Em outras palavras, se descobrimos certas verdades, obtemos conhecimento a respeito ou respostas às nossas perguntas. Mas existem de fato verdades universais que possam responder a essas perguntas... ou tudo na verdade se reduz àquilo em que nós subjetivamente escolhemos acreditar? Em outras palavras, há uma forma de saber se existe uma verdade universalmente exata?

### Algumas definições

Primeiro, comecemos por definir *verdade*. O que queremos dizer quando nos referimos a *verdade*? Tipicamente, duas definições são oferecidas para o mesmo conceito. O *Webster* define verdade, em parte, como "fidelidade a um original ou padrão". Por exemplo, digamos que eu (Sean) lhe perguntasse "Que horas são?". Você provavelmente olharia para seu relógio ou celular e diria algo como "São 14h23". Mas, e seu olhasse para o meu relógio e dissesse "Não, são 14h26", qual afirmação seria a verdade, a sua ou a minha?

Poderíamos discutir o dia inteiro sobre qual seria o relógio mais preciso. Contudo, para determinar o tempo correto, teríamos de comparar nossos relógios com um padrão internacional no qual todo o tempo é medido. Esse padrão seria Greenwich, na Inglaterra, onde se define o horário GMT (*Greenwich Mean Time* — tempo médio de Greenwich). GMT é o *tempo mundial*, a base de todas as zonas de tempo do mundo. E, embora tenha sido substituído pelo *tempo atômico* (UTC) como padrão internacional, o GMT é amplamente utilizado como medida oficial de tempo no mundo todo.

Assim, para estabelecer qual "afirmação verdadeira" é de fato verdade — suas 14h23 ou minhas 14h26 —, simplesmente compararíamos as respostas com o "padrão original" de marcação de tempo em Greenwich. O tempo que estivesse de acordo com o GMT seria o tempo correto. Aplicando a mesma definição de verdade à verdade moral, afirmamos que Deus é o padrão absoluto para toda verdade moral. É sua natureza e caráter que definem o que é certo e errado, o bem e o mal, o verdadeiro e o falso.

A segunda definição de verdade é "o que corresponde à realidade". É mais ou menos a ideia de que uma declaração verdadeira só é exata se for compatível com aquilo que é de fato o mundo real. Por exemplo, eu (Josh) posso dizer que Dottie e eu temos quatro filhos adultos, dois rapazes e duas moças. A pergunta é: "Esta afirmação é verdadeira ou falsa?" A afirmação pode ser comprovada se corresponder à realidade. E na realidade eu tenho quatro filhos, três garotas e um rapaz. Assim, visto que a minha declaração não corresponde à realidade, ela não é verdade. E, quando aplicamos essa definição de verdade à verdade moral, afirmamos que a verdade moral é a que corresponde à realidade que Deus criou.

### Negando a existência da verdade

Mas algumas pessoas simplesmente dizem: "A verdade não existe". O problema com essa frase é que ela é *autocontraditória*. Em outras palavras, a frase refuta a si mesma. Permita-me (Sean) explicar. No início de sua carta a Tito, Paulo dá alguns conselhos a seu discípulo, que está começando algumas igrejas entre o povo de Creta. Ele está sendo confrontado com algumas ideias hostis. Paulo cita Epimênides, um cretense, dizendo a Tito: *Um dos seus próprios profetas disse: Os cretenses são sempre mentirosos, animais ferozes, glutões preguiçosos* (Tito 1:12). Qualquer leitor perspicaz da Bíblia captaria a ironia desta declaração. Se *todos* os cretenses são mentirosos, como então pode se confiar em Epimênides? Seria como eu, como californiano, dissesse: "Não se pode confiar em ninguém da Califórnia".

As declarações "Os cretenses são sempre mentirosos" e "A verdade não existe" sofrem da mesma falha. *Ambas se contradizem*. A declaração "A verdade não existe" é uma alegação verdadeira a respeito de pelo menos uma coisa — a saber, que "a verdade não existe". Todavia, essa declaração se contradiz ao alegar que a verdade não existe. Eis alguns outros exemplos de declarações autocontraditórias:

- Não há frases em português com mais de cinco palavras. (Você acabou de dizer uma!)
- Não existe verdade absoluta. (Isso é totalmente verdadeiro?)
- Não podemos ter certeza de nada. (Você tem certeza disso?)
- Nunca diga a palavra "nunca". (Tarde demais — você acaba de dizer!)

Todas as quatro declarações — assim como a frase "A verdade não existe" — contêm as sementes de sua destruição. Elas solapam a si mesmas por contradizerem o próprio padrão de verdade. Não há como escapar do fato de que a verdade existe e pode ser conhecida. Assim, a pergunta mais importante não é se podemos conhecer a verdade, mas o que *é* a verdade?

Jesus deixou claro o que era a verdade quando disse: *Eu sou o caminho, a verdade e a vida* (João 14:6). Em outras palavras, a verdade é realmente uma pessoa com quem podemos nos relacionar. Deus não é somente o nosso padrão de verdade moral, que corresponde à realidade que ele criou, mas é uma pessoa que foi a extremos extraordinários para formar um relacionamento conosco. E o relacionamento é a chave para o conhecimento e a vivência da verdade.

## 23
## A verdade é apenas uma preferência pessoal?

Provavelmente você já ouviu alguém dizer: "Bem, isso pode ser verdade para você, mas não é para mim". Embora essa seja uma frase usada com frequência, devemos perguntar se é possível que a verdade exista apenas para a pessoa que nela acredita? Algo pode ser verdade para uma pessoa e não ser para outra?

### Esclarecendo a confusão

Por trás da frase citada anteriormente, reside uma confusão enraizada entre os conceitos de *verdade* e *crença*. Evidentemente, todos nós temos direito às próprias crenças (pelo menos na América, terra da liberdade), mas isso significa que cada um de nós tem as próprias verdades? A verdade independe de nossas crenças. Crenças, por outro lado, são necessariamente pessoais. Portanto, quando consideramos a natureza da verdade, não faz sentido dizer que algo é verdade para você e não é para mim.

Por exemplo, imagine que você e seu amigo encontrem uma maçã verde sobre a mesa. O seu amigo acredita que, por dentro, a fruta está podre e cheia de bichos. Mas você, por sua vez, acredita que ela está crocante e não tem bichos. Suas crenças divergentes sobre a maçã podem criar duas verdades distintas, defendidas por vocês como realidade? A única forma de resolver o dilema é fatiar a maçã e verificar seu interior. Então, vocês terão condições de descobrir a verdade sobre a maçã — se a fruta tem bichos ou não. No momento em que a maçã é fatiada, a verdade será revelada e as falsas crenças serão expostas. A verdade sobre a maçã existe independentemente das suas crenças a respeito.

### Verdades e crenças morais

O mesmo acontece quanto se trata de verdades morais. Deus e sua Palavra tornam-se padrão do que é moralmente verdadeiro ou não porque as verdades morais derivam do seu caráter.[25] Assim, embora as verdades morais não sejam passíveis de consideração como assunto pessoal ou subjetivo, as crenças o são. Crenças pessoais podem equivaler ao que algumas pessoas chamam de "convicções pessoais". No livro de Romanos, o apóstolo Paulo abordou o fato de que alguns seguidores judeus de Cristo estavam em conflito a respeito do que fazer quanto às restrições sobre o que comer, aos dias de festas a observar e ao dia em que se devia celebrar o descanso semanal (*Sabbath*). Ele lhes disse: *Quem come não despreze quem não come; e quem não come não julgue quem come; pois Deus o acolheu* (Romanos 14:3). E, quanto ao dia para adorar, ele disse: *Uma pessoa considera um dia mais importante do que outro, mas outro julga iguais todos os dias. Cada um esteja inteiramente convicto em sua mente* (Romanos 14:5).

Paulo estava defendendo a existência de questões fora da lei moral universal de Deus que exigiam uma decisão pessoal entre a pessoa e Deus. Eu (Sean) conheço algumas pessoas que defendem enfaticamente que, para honrar o Dia do Senhor, elas devem se abster de comprar qualquer coisa no domingo. Algumas pessoas acham certo colocar seus filhos em escolas cristãs e errado matriculá-las em escolas públicas. Muitas dessas pessoas não condenam as que agem

---

[25] Veja "É realmente possível conhecer a verdade?", p. 81.

de forma diferente, mas acham que essas são convicções pessoais ou crenças que elas devem seguir. O apóstolo Paulo deixou esse assunto bastante claro quando se referiu às regras judaicas sobre quais alimentos eram puros ou impuros. *Eu sei, e estou certo no Senhor Jesus, que nada por si mesmo é ritualmente impuro, a não ser para quem assim o considere; para esse é impuro* (Romanos 14:14).

O ponto principal que Paulo estava defendendo era que, quando alguém tem uma convicção pessoal sobre questões não claramente tratadas na lei moral, não deve condenar os outros por violar sua crença particular. Esses tipos de convicções pessoais são desenvolvidos entre Deus e a pessoa e não são impostos sobre os outros. Deve-se chegar à convicção pessoal com muito cuidado, após o estudo das Escrituras e o sábio conselho de outros cristãos idôneos.

# 24

## Deus faz discriminação de sexo?

Como cristãos, vemos Deus através de um conjunto de lentes completamente diferentes do ateu, do não crente e das culturas do mundo. Mas, como você deve saber, Deus tem sido retratado de muitas formas distorcidas. Por exemplo, diz-se que ele é misógino (odeia mulher), chauvinista, patriarcal e sexista (faz discriminação de gênero) — com muitas outras características depreciativas — pelos ateus modernos e por muitas outras pessoas. O ateu Richard Dawkins afirmou em seu livro *The God Delusion* que

> O Deus do Antigo Testamento é comprovadamente a personagem mais desagradável de toda ficção: ciumento e orgulhoso disso; mesquinho, injusto, maníaco por controle implacável; vingativo, sedento de sangue e exterminador étnico; misógino, homofóbico, racista, infanticida, genocida, filicida, pestilento, megalomaníaco, sadomasoquista e um valentão caprichosamente malévolo.[26]

Como alguém pode dizer que Deus é sexista, racista, vingativo, genocida etc.? Para chegar a essas visões distorcidas a respeito dele, alguém tem de tomar as Escrituras completamente fora de contexto.

---
[26] DAWKINS, Richard. *The God Delusion.* New York Mariner, 2008, p. 51.

Considere, por exemplo, a acusação de discriminação sexual. Como alguém pode acusar Deus de discriminar gêneros?

Bem, diz-se que Deus criou Adão primeiro e depois Eva como uma cidadã de segunda classe, mostrando, com isso, sua concepção inferior da mulher. Depois, após Adão e Eva terem pecado, Deus disse a Eva: *O teu desejo será para o teu marido, e ele te dominará* (Gênesis 3:16). Novamente, afirma-se que, para mostrar sua visão desdenhosa das mulheres como inferiores, Deus disse que elas estariam numa função submissa, como servas, em relação ao homem. Então, algumas pessoas alegam que é possível ver em todo o Antigo Testamento como os costumes e as leis dos filhos de Israel refletem a posição inferior da mulher em relação ao homem.

Por exemplo, uma mulher adulta era considerada menor pela lei e vivia sob a autoridade do parente mais próximo do sexo masculino. Seus votos a Deus podiam até ser anulados pelo pai ou marido (Números 30:3-16). O marido podia se divorciar da mulher (Deuteronômio 24:1-4) e tomar outra esposa (Êxodo 21:10; Deuteronômio 21:15-17). Todavia, a esposa não podia se divorciar do marido. A mulher podia herdar as terras de seu pai apenas se não houvesse herdeiros do sexo masculino, e somente se contraísse matrimônio dentro de sua tribo ancestral (Números 27:1-11; 36:1-13). Todos esses pontos são apresentados novamente para mostrar que Deus via as mulheres como inferiores e sem os mesmos direitos dos homens.

## Como Deus realmente vê homens e mulheres

A verdade é que, apesar dessas afirmações, *Deus não discrimina o sexo.* Isso não quer dizer que historicamente a igreja não tenha tratado as mulheres como inferiores ou que alguns homens cristãos não tenham sido de fato discriminadores. É claro que o comportamento discriminatório nos atormentou durante séculos. No entanto, Deus não é assim e não considera as mulheres inferiores aos homens.

Deus disse: *Façamos o homem à nossa imagem, conforme nossa semelhança* [...] *homem e mulher os criou* (Gênesis 1:26, 27). A mulher foi feita à mesma imagem e semelhança de Deus, tal como o homem (na verdade, os homens foram feitos de barro e a mulher, de um ser humano!). Os homens não receberam uma imagem de Deus superior, com o criador de alguma forma criando as mulheres com uma imagem inferior. Homens e mulheres compartilham de igual modo a imagem de Deus.

A Bíblia diz que Deus fez a mulher como "ajudadora" do homem. A palavra hebraica traduzida por "ajudadora" é *ezer*. Denota alguém que cerca, protege ou ajuda. É a mesma palavra usada por Jacó a respeito de Deus, ao dizer: *pelo Deus de teu pai, que te ajudará* (Gênesis 49:25). Moisés a empregou quando disse: *O Deus de meu pai foi o meu auxílio* (ajudador) (Êxodo 18:4). O salmista Davi a usou repetidas vezes em passagens como: *Nossa esperança está no* SENHOR; *ele é o nosso auxílio* (ajudador) *e escudo* (Salmos 33:20). Deus é antes de tudo retratado pelos escritores do Antigo Testamento como o *ezer* — aquele que nos cerca e nos ajuda.

Isso de forma alguma é um papel humilhante de servo. Ao contrário, é sublime ajudar quem precisa. E eu (Sean) posso confirmar pessoalmente a realidade de que este homem — eu — precisa de apoio e ajuda não somente de Deus, mas também de uma mulher chamada Stephanie. Quando Deus criou a mulher à imagem de Deus para ajudar o homem, esse foi um papel altamente honrado, e não uma função de inferioridade ou de servidão. Ao decidir que o homem precisava de uma mulher, tampouco Deus quis dizer que Adão era inferior. E as mulheres não são inferiores por serem congêneres para os homens.

### Mais comparações

As consequências do pecado sobre Eva são outro suposto exemplo de Deus ser machista. No entanto, as consequências negativas do pecado tiveram um efeito poderoso sobre *toda* a humanidade e além. Entre as consequências estão a morte espiritual e física para todos os seres humanos, o sofrimento físico das mulheres no parto, o governo do marido sobre a mulher e a terra amaldiçoada afetando a vida da flora e tornando difícil aos humanos o cultivo de lavouras (veja Gênesis 3:14-19). Mas essas consequências negativas não significam ser aceitas como normas. O próprio Deus colocou em ação um plano para reverter essas consequências antes de ter criado os seres humanos. Ele planejou mandar seu Filho não apenas para oferecer vida eterna aos seres humanos que estavam mortos em seu pecado, mas para acabar revertendo os efeitos do pecado em todo o planeta e na vida animal (veja Isaías 25:7,8 e 65:17).

Pense nisto: Devemos, como criação de Deus, ficar parados e não participar com ele de seu plano de redenção e restauração? Não devemos descobrir formas novas e melhoradas de lavrar a terra e aumentar a produtividade da lavoura? Devemos aceitar as dores no parto e não buscar recursos médicos para amenizá-las? É claro que usamos tecnologia moderna de agricultura para obtermos colheitas melhores e mais saudáveis. Aproveitamos as descobertas médicas para aliviar as dores do parto. Não aceitamos essas consequências negativas do pecado para vivermos com elas. Nem devemos aceitar as consequências negativas de maridos que dominam a esposa. Não foi essa a intenção de Deus desde o princípio, e está claro que ele não quer esse tipo de relacionamento distorcido no casamento agora.

Embora o Novo Testamento diga que a esposa deve se submeter ao marido, isso, de forma alguma, é opressivo. De fato, as Escrituras ordenam que todos nós nos submetamos uns aos outros (veja Efésios 5:21). Jesus tornou claro, em Marcos 10:42-44, que tanto homens como mulheres devem servir uns aos outros, uma declaração que o incluía também: *Pois o próprio Filho do homem não veio para ser servido, mas para servir e dar a vida em resgate de muitos* (Marcos 10:45). Só porque marido e esposa servem em papéis diferentes, isso não significa que a mulher seja inferior. É verdade que o pecado trouxe consequências negativas aos nossos relacionamentos, mas Deus não quer que isso continue. Ele quer que tanto o marido como a esposa se respeitem e se amem como ele demonstrou respeito e amor a nós por meio de Cristo.

E, finalmente, vemos pelas Escrituras que Deus elevou a mulher a lugares de autoridade e liderança cristã. Um ser machista não faz isso. De fato, Gênesis é a única história da criação do antigo Oriente Próximo que menciona mulheres. E o relato chega ao clímax com a criação da mulher. Claramente, Deus valorizou as mulheres desde o princípio.

## Fazendo uma comparação

Há mais, porém. Na nação de Israel, as mulheres deviam estar presentes na leitura das Escrituras (Deuteronômio 31:9-13), o que era altamente honroso. As mulheres ficavam de serviço na entrada do tabernáculo (Êxodo 38:8), o que representava uma tarefa honrosa, e elas ofereciam sacrifícios (Levítico 12:1-8), o que demonstrava o reconhecimento de Deus ao direito das mulheres à adoração. Ele nomeou Miriã, irmã de Moisés, como profetisa (Êxodo 15:20,21). Débora foi profetisa e juíza. Ela falou e julgou publicamente em nome de Deus (Juízes 4:4-7). E Hulda também foi profetisa de Deus, que falou em nome do Senhor (2Reis 22:14-20). Está claro que Deus não considerava as mulheres inferiores e incapazes de liderar e falar em seu nome.

Além disso, embora os críticos aleguem falsamente que Deus é machista, muitos desses mesmos críticos ignoram que líderes de outras grandes religiões foram claramente machistas. No livro *Apologetics for a New Generation,*[27] o autor e líder cristão Jonalyn Grace Fincher oferece uma visão mais profunda sobre esse assunto. No capítulo 16, ele ressalta que Maomé, fundador do islamismo, tinha uma

---

[27] Harvest, 2009.

visão depreciativa das mulheres. Segundo o autor, o *Alcorão* afirma: *As mulheres são campos para se semear o que se quiser,* (as esposas) *são prisioneiras com vocês* (maridos), *não tendo controle de suas pessoas* e *Coloquem as mulheres numa posição inferior, visto que Deus assim o fez.*[28]

Siddhartha Gautama (Buda), fundador do budismo, abandonou a esposa, o filho e as concubinas para encontrar a "iluminação". Consta que Charles Taze Russell, fundador das Testemunhas de Jeová, molestou sua filha adotiva, Rose Ball. Quando a esposa de Russell pediu o divórcio, a justiça julgou seu comportamento para com a esposa como "insultante", "dominador" e "impróprio".[29]

Em contraste, Jesus, o Filho de Deus, confirmou o direito das mulheres quando falou à mulher samaritana (João 4:1-42). Jesus valorizou Maria quando ela se sentou aos seus pés como sua discípula. E elogiou calorosamente as mulheres que o ungiram antes de sua morte (Marcos 14:3-9). Para Jesus, as mulheres eram iguais aos olhos de Deus. Do ponto de vista relacional, Deus não vê diferença entre homem e mulher. Como afirmamos, marido e mulher podem servir em papéis diferentes, mas isso não os torna superiores uns aos outros. Com as seguintes palavras, o apóstolo Paulo deixou claro que Deus não se envolve em favoritismos:

> *Pois todos sois filhos de Deus pela fé em Cristo Jesus. Porque todos vós que em Cristo fostes batizados vos revestistes de Cristo. Não há judeu nem grego, não há homem nem mulher, porque todos vós sois um em Cristo Jesus.* (Gálatas 3:26-28)

---

[28] FINCHER, Jonalyn Grace. "Defending Feminity: Why Jesus is Good News for Women", in: MCDOWELL, Sean (org.). *Apologetics for a New Generation*. Eugene: Harvest, 2009, p. 223.
[29] FINCHER, p. 224-5.

# 25

## Deus é racista?

Racista é alguém que acredita que certa raça é superior a alguma ou a todas as outras — que uma ou mais raças têm características diferenciadoras determinadas por fatores hereditários, que as dotam de superioridade intrínseca. E isso significa que essa discriminação racial é justificada. Assim, baseado nesta definição, Deus é racista? Alguns dizem que sim.

No livro de Gênesis, consta que Deus escolheu um homem chamado Abrão e disse:

> E o SENHOR disse a Abrão: Sai da tua terra, do meio dos teus parentes e da casa de teu pai, para a terra que eu te mostrarei. E farei de ti uma grande nação, te abençoarei e engrandecerei o teu nome; e tu serás uma bênção. Abençoarei os que te abençoarem e amaldiçoarei quem te amaldiçoar; e todas as famílias da terra serão abençoadas por meio de ti. (Gênesis 12:1-3)

Se você tomar essa promessa de Deus e depois examinar como ele favoreceu os filhos de Israel (o povo judeu), diria não haver dúvida de que ele discrimina racialmente. Em toda a história, como está registrado nas Escrituras, Deus teve uma raça escolhida. Isso, alguém diria, é a prova de que Deus é racista.

Outro exemplo do suposto racismo de Deus é quando ele, como dizem alguns, amaldiçoou o povo africano para ser escravo. Muitas pessoas costumas alegar que Deus amaldiçoou os descendentes de Cam, filho de Noé, por haver dito aos irmãos mais velhos que havia descoberto seu pai nu, embriagado com vinho. A maldição foi *ele será escravo de escravos de seus irmãos* (Gênesis 9:25). E, desde que os descendentes de Cam foram considerados africanos, é lógico concluir que Deus discriminou todas as gerações de africanos, condenando-os até mesmo à escravidão.

## Corrigindo interpretações errôneas

Ambas as acusações contra Deus vêm de desvirtuamento e má compreensão a respeito da narrativa bíblica. Primeiro, Deus nunca amaldiçoou Cam pelo que ele fez — foi Noé que proferiu a maldição. E Noé não amaldiçoou seu filho Cam, e sim Canaã, o filho de Cam. *Maldito seja Canaã*. Noé disse: *Bendito seja o Senhor, o Deus de Sem; e Canaã seja seu escravo* (Gênesis 9:25,26). Foi mais drástico amaldiçoar o filho de um homem do que amaldiçoar o pai, por isso Noé nivelou sua maldição para Canaã, filho de Cam.

É verdade que pelo menos dois filhos de Cam — Cuxe e Mizraim — habitaram a África (veja Gênesis 10:6-20). Mas os descendentes de Canaã se estabeleceram apenas a leste do mar Mediterrâneo, numa região que depois se tornou conhecida como terra de Canaã — atualmente Israel (veja Gênesis 10:15-19). Assim, é absurdo alegar que Deus é racista com base numa interpretação completamente errada dos textos de Gênesis. Todavia, durante muitos anos as pessoas justificaram seus pontos de vista racistas em relação aos negros africanos e afro-americanos com apoio nessa distorção das Escrituras.

E quanto à perspectiva de Deus em relação ao povo judeu? É verdade que ele fez um pacto especial com Abraão e seus descendentes, o povo judeu — e por boas razões. Antes da criação, Deus planejou redimir os humanos pecadores e faria isso tomando a forma da humanidade pelo nascimento de Jesus. Por isso, ele identificou um povo. Ele lhes deu sua santa Palavra, as Escrituras; firmou com eles um sistema de sacrifícios que levaria a uma solução final para o pecado e a morte. Ele profetizou em sua Palavra que o sacrifício perfeito — o Cordeiro de Deus — nasceria dos descendentes de Abraão (veja Mateus 1:1-17). E foi o Deus-homem, Jesus, que veio redimir todos os que nele cressem, tanto judeus quanto gentios.

Assim, Deus escolher Israel não envolvia somente Israel — tratava-se de tornar seu nome conhecido e oferecer salvação ao resto do mundo. E, além disso, Deus julgou Israel da mesma forma que fez com outras nações (veja 2Reis 17). Ele não tinha favoritos. Judeus ou gentios, todos nós igualmente devemos prestar contas a Deus.

# 26

## Deus é legalista?

Legalista é uma pessoa que acredita na estrita observância da lei ou de um código em particular como um fim em si mesmo. Para o legalista, seguir a lei é tudo o que importa. Assim, Deus é legalista?

Muitos veem a aparente obsessão de Deus com a entrega de leis como uma prova do seu legalismo. E ele transmitiu muitas leis e instruções. No Antigo Testamento, existem muitas leis específicas — a lei moral, a lei civil de Israel, as leis cerimoniais ou sacrificiais, as leis de purificação; existem regras quanto ao que comer, como se vestir, quando e como adorar, com quem se pode casar e não se casar — as leis, instruções e normas parecem não ter fim. E com as leis vêm algumas duras punições para os infratores. Superficialmente, pode parecer que Deus é muito legalista.

Os que veem Deus como legalista, entretanto, não levam em conta a razão pela qual ele entregou as leis. Existe uma "razão central" que motivou Deus a dar suas instruções. Ele disse aos filhos de Israel: *Pois eu bem sei que planos tenho a vosso respeito, diz o Senhor; planos de prosperidade e não de mal, para vos dar um futuro e uma esperança* (Jeremias 29:11). A lei de Deus — seus planos — existiram para tornar Israel próspero. Existiram para o bem desse povo.

As duas amorosas motivações que Deus tem em nos dar suas leis são nossa provisão e nossa proteção. São razões relacionais. A verdade é que Deus quer que sigamos suas instruções porque elas representam seus caminhos — caminhos que nos proveem, nos protegem e nos dão alegria. Por isso, sempre que formos obedientes à sua lei, estaremos de fato agindo de acordo com seus caminhos.

O que muitas pessoas parecem esquecer é que os caminhos de Deus refletem como ele é. E, quando passamos a agir de maneira piedosa, vivemos da maneira exata que fomos criados para viver. Veja, Deus, por sua natureza e caráter define tudo o que é perfeito, reto, bom — coisas que nos proporcionam alegria verdadeira. *Toda boa dádiva e todo dom perfeito*, diz a Bíblia, *vêm do alto e descendo do Pai das luzes* (Tiago 1:17). Por isso, quando agimos de acordo com seus caminhos, experimentamos alegria porque seus caminhos refletem o supremo Deus bom e perfeito. Ser honestos nos dá alegria porque Deus é verdade. Permanecer sexualmente puros nos dá alegria porque Deus é santo. Tratar os outros corretamente nos dá alegria porque Deus é justo. Seus mandamentos para agirmos de determinadas maneiras fluem de quem ele é e de como ele próprio age. Seus caminhos simplesmente refletem quem ele é — perfeitamente justo —, e esse jeito de viver produz alegria: ele nos sustenta e nos protege.

• • • • •

Deus não é, em hipótese nenhuma, legalista. Ele nos deu suas leis e instruções como limites para nos dizer o que é certo e errado e para mostrar que viver de acordo com seus caminhos visa o nosso bem. Deus quer que nos relacionemos com ele e vivamos como ele, porque isso trará alegria à nossa vida. E isso também lhe trará alegria. Eu vos tenho dito essas coisas para que a minha alegria permaneça em vós, e a vossa alegria seja plena (João 15:11).

# 27

## Deus é violento?

Qualquer pessoa, ao ler o Antigo Testamento, reconhecerá que ele descreve um povo que sofre grande tragédia e obtém grande triunfo, o que inclui muitos atos de violência. Há histórias de traição, terrorismo, estupro, assassinato, guerra, massacre de inocentes, tortura, escravização e assassinatos em massa. Embora a Bíblia documente todo esse comportamento violento, não podemos admitir que Deus sempre o aprovasse. Mas a pergunta é: Deus é violento? Ele se envolve em atos de violência?

### Por que Deus comete violência?

A breve resposta às duas perguntas da seção anterior é: sim. Contudo, a menos que tenhamos um contexto para a violência de Deus, corremos o risco de compreender mal sua natureza.[30] Ele é misericordioso e amoroso (Salmos 103:8). Ele é justo e bondoso (Salmos 145:17 e Apocalipse 3:7). Ele é reto. *Senhor, tu és justo, e teus juízos são retos. Ordenaste teus testemunhos com justiça, e com toda fidelidade* (Salmos 119:137,138). *Ele é a rocha!*, afirmam as Escrituras. *Suas obras são perfeitas, porque todos os seus caminhos são justos. Deus é fiel, e nele não há pecado; ele é justo e reto* (Deuteronômio 32:4).

Assim, quanta violência comete um Deus justo, e por que ele faz isso? O livro de 2Reis relata: *Naquela noite, o anjo do Senhor saiu e feriu*

---
[30] Veja "Como Deus realmente é?", p. 48.

*cento e oitenta e cinco mil no acampamento dos assírios* (19:35). Temos aqui Deus de fato envolvido no massacre de 185 mil homens, possivelmente quando estavam dormindo! Por que ele cometeria tal atrocidade? O que está por trás desse ato de violência?

Primeiro, precisamos admitir que vivemos num mundo de violência que é causada não por Deus, mas por humanos violentos. Todos os jornais e fontes noticiosas *on-line* ao redor do mundo hoje estão cheios de manchetes e histórias de ambição, desconfiança, assaltos, conflitos, assassinatos, guerra, destruição e morte. E Jesus explica que não são circunstâncias externas que causam a violência no mundo; ao contrário, *do coração é que saem os maus pensamentos, homicídios, adultérios, imoralidade sexual, furtos, falsos testemunhos e calúnias* (Mateus 15:19). A violência neste mundo não é um problema sociológico, econômico ou até mesmo patológico; é um problema espiritual ou do coração. O pecado e a propensão humana ao egocentrismo estão no coração dos atos egoístas.

No entanto, Deus, que é a antítese do pecado e do egoísmo, às vezes se envolve em violência por ser o supremo protetor do inocente e julgar os injustos. Quando Deus matou 185 mil assírios, ele estava matando soldados que tentavam tomar Jerusalém e destruir Judá, seu povo. O exército assírio comandado pelo rei Senaqueribe já havia destruído Israel e estava pronto para aniquilar o povo de Deus.

A Assíria era uma nação agressiva que torturava e matava brutalmente homens, mulheres e crianças inocentes. O comandante supremo do perverso rei assírio Senaqueribe zombou de Deus em sua resposta a Judá.

> *Dentre todos os deuses das terras, quais são os que livraram a sua terra da minha mão? E o* Senhor *livrará Jerusalém da minha mão?* [...] *Que o teu Deus em quem confias não te engane, dizendo: Jerusalém não será entregue na mão do rei da Assíria.* (2Reis 18:35; 19:10)

Um império pagão que assassinava inocentes e zombava do Deus verdadeiro merecia punição. O justo juiz do universo veio em defesa do seu povo. Sim, Deus usa violência para defender e proteger seu povo e para dar o julgamento merecido a malfeitores. A respeito do rei da Assíria, ele disse: *Porque eu defenderei esta cidade para livrá-la, por causa de mim e por amor do meu servo Davi* (2Reis 19:34).

## O defensor e o juiz

Não deveríamos pensar menos em Deus por defender os justos e julgar os injustos. Ele é o nosso herói que vem em socorro do oprimido. O que Deus deveria fazer quando, antes da criação, sua santidade, sua justiça e seu poder foram desafiados por Satanás? Ele deveria ficar apenas em estado de alerta e não lutar contra a rebelião e o mal? Não, foi certo e justo Deus ter recorrido à violência para expulsar Satanás do céu. E é certo e justo que ele continue essa guerra até vencer Satanás, o mal e a morte para que um dia haja paz eterna (veja Apocalipse 12:21).

Deus é amoroso, *compassivo e misericordioso [...] e é grande em amor* (Salmos 103:8), todavia não fica à espera nem deixa que o mal continue sem julgamento. Ele *vem julgar a terra, e julgará o mundo com justiça, e os povos, com fidelidade* (Salmos 96:13). Deus é justo e usa a violência para executar justiça perfeita — que no fim trará paz perfeita e eterna. E Cristo é o nosso herói e rei que virá — aquele que é o *príncipe da paz. O seu domínio aumentará, e haverá paz sem fim sobre o trono de Davi e sobre o seu reino, para estabelecê-lo e firmá-lo em retidão e em justiça, desde agora e para sempre. O zelo do Senhor dos Exércitos fará isso* (Isaías 9:6,7).

# 28

## A religião é a verdadeira causa da violência no mundo?

A religião está por trás de toda violência no mundo? É a causa de toda luta de certo modo enraizada em crenças religiosas? Alguns dizem que sim.

Por exemplo, Deus aceitou a oferta de Abel e rejeitou a oferta de Caim. *Por isso,* diz a Bíblia, *Caim ficou furioso* (Gênesis 4:5). Mais tarde, Caim matou Abel. O primeiro ato de violência entre os humanos registrado pela Bíblia estava ligado a uma questão religiosa. Muitos outros atos de violência que se seguiram pela história humana estão direta ou indiretamente relacionados à religião.

O autor e professor J. Harold Ellens, em seu livro de 2007, *The Destructive Power of Religion,* aponta para a religião como a causa da violência no mundo. O seguinte trecho publicado na internet apresenta o livro:

> Quer eles voem para o *World Trade Center* quer para o Pentágono, causem a explosão de navios, portos e edifícios federais, matem médicos e enfermeiras em clínicas de aborto, exterminem palestinos contemporâneos ou matem soldados israelenses com bombas suicidas, os religiosos destrutivos são todos modelados pelas mesmas

> metáforas apocalípticas e pelo divino exemplo e imperativo à violência.[31]

Desde Caim até a escravização egípcia dos filhos de Israel e as cruzadas religiosas dos séculos 11, 12 e 13, até os conflitos atuais ao redor do mundo, a religião é vista mais como uma força rumo à violência do que uma contribuição para a paz. Talvez seja por isso que um ateu como o falecido autor e conferencista Christopher Hitchens tenha escrito: "A religião envenena tudo".[32] O ateu do século 19 Friedrich Nietzsche ofereceu uma visão igualmente degradante do cristianismo, ao declarar: "[A religião cristã] busca a corrupção definitiva, nada permanece intocado por sua depravação, ela transformou todo valor em inutilidade, toda verdade numa mentira e toda integridade em baixeza da alma".[33]

Mas a religião, mais especificamente o cristianismo, é a causa de violência no mundo? Não há dúvida de que tem havido guerras violentas no mundo em nome de Deus. Mas a religião não é a única, nem mesmo a maior, causa da violência no mundo. Devemos também reconhecer que o maior derramamento de sangue do século 20 foi perpetrado por regimes seculares, como os governos marxistas. Pelo menos 100 milhões de pessoas foram mortas na China comunista, na União Soviética, no Camboja e em outros regimes comunistas somente no século 20.

## Considerando as causas fundamentais

Mas não é o cristianismo, a religião ou a ideologia secular a causa *fundamental* da violência — ao contrário, esta se origina dos corações humanos egocêntricos.[34] Jesus disse que não são as circunstâncias externas ou as visões religiosas conflitantes que causam o mal e a

---

[31] ELLENS, J. Harold. *The Destructive Power of Religion: Violence in Judaism, Christianity and Islam*. Greenwood Publishing Group, 2007, disponível em: http//books.google.com/books?id=0fooSsaO6r-MC&dq=the+destructive+power+of+religion+by+j+Harold+ellens&source=gbs_navlinks_s, acesso em: 8 de setembro de 2011.
[32] HITCHENS, Christopher. *God Is Not Great: How Religion Poison Everything*. New York: Twelve Books, 2007, p. 13.
[33] NIETZSCHE, F. W. *The Antichrist*, trad. para o inglês H. L. Mencken Torrance: Noontide Press, 1980, p. 180.
[34] Veja "O que leva as pessoas a pecarem atualmente?", p. 69.

violência no mundo — e sim *do coração é que saem os maus pensamentos, homicídios, adultérios, imoralidade sexual, furtos, falsos testemunhos e calúnias. São essas coisas que tornam o homem impuro* (Mateus 15:19,20).

O coração egoísta dos seres humanos que estimulam a ambição e o ódio é que causa a violência destrutiva no mundo. E infelizmente isso é quase sempre feito em nome da religião. De fato, foram a inveja e o coração arrogante que fizeram Satanás se levantar em violência contra Deus. Assim, a violência tem estado conosco desde o princípio. Mas não é nisso que consiste a religião de Jesus.

Deixada sem controle, a natureza humana sempre se voltará para formas de autogratificação à custa dos outros. E as pessoas frequentemente usarão de violência para conseguir seus objetivos. Mas do outro lado da equação está a mensagem de Jesus de tornar o interesse e o cuidado pelos outros tão importante como os próprios. Isso está, de fato, no centro do seu ensino e representa o coração de Deus. Jesus disse: *Tudo o que quereis que os homens vos façam, fazei também a eles; porque esta é a Lei e os Profetas* (Mateus 7:12).

Embora existam aqueles que, no passado e no presente, sob a bandeira da religião, guerrearam, escravizaram pessoas e tentaram violentamente dominar os outros, esse não é o estilo do verdadeiro cristianismo. Por que o cristianismo seria culpado quando as pessoas *agem contrariamente* aos ensinos e ao exemplo de Jesus? Porque Cristo é o *príncipe da paz* (Isaías 9:6) e ao longo da história não há dúvida de que dedicados seguidores de Cristo têm sido uma poderosa força redentora em direção à paz e ao bem em nosso mundo.

É a cosmovisão de Jesus que tem levado seus seguidores a promover a paz e os esforços humanitários para estabelecer leis de proteção a bebês e aos nascituros, a separação entre a igreja e o Estado, a liberdade e a justiça e o cuidado dos necessitados no mundo todo. É Jesus e sua marca religiosa que têm afastado a violência e promovido contribuição mais positiva à sociedade do que qualquer outra força na história.

# 29

## Deus é genocida?

Cometer genocídio é matar deliberadamente um grande grupo racial, político ou cultural, especialmente quando se trata de um grupo étnico ou nação em particular. A palavra "genocídio" é a combinação de um termo grego e latino que significa "matança da raça".

As atrocidades de Hitler e do exército nazista sobre o povo judeu constituíram genocídio. Os nazistas prenderam e assassinaram cerca de 6 milhões de judeus entre 1938 e 1945. Houve mais de 2 milhões de assassinatos genocidas de cambojanos pelo exército do Khmer Vermelho de Pol Pot entre 1975 e 1979. Ao longo de um período de cem dias em 1994, cerca de 800 mil tutsis, em Ruanda, foram brutalmente assassinados pela milícia da tribo Hutu. E entre 1992 e 1995 os sérvios da Bósnia-Herzegóvina cometeram "limpeza étnica" ao assassinar mais de 200 mil muçulmanos. Estes são apenas alguns exemplos de genocídio que os seres humanos perpetraram uns aos outros na história recente.

Tais cruéis assassinatos de grupos são repulsivos; vão contra nosso senso de moralidade, liberdade e justiça. Assim, Deus poderia se envolver em tais atrocidades contra um povo ou uma raça? É possível que ele seja genocida?

• • • • •

No livro de Deuteronômio, foi dito aos filhos de Israel: *tu os destruirás por completo: os heteus, os amorreus, os cananeus, os perizeus, os heveus e os jebuseus, conforme te ordenou o* Senhor, *teu Deus* (Deuteronômio 20:17). Anos depois, *Josué derrotou toda aquela terra* [...] *Ele não deixou uma pessoa sequer; mas tudo o que tinha fôlego destruiu totalmente, como ordenara o* Senhor, *o Deus de Israel* (Josué 10:40). Por isso, pessoas como o ateu Christopher Hitchens têm acusado Deus de genocídio e dito que os cananeus foram "cruelmente expulsos de suas casas para dar espaço aos ingratos e rebeldes filhos de Israel".[35] Por isso, Deus é uma divindade cruel que destrói raivosamente toda uma raça?

### A motivação de Deus

Em primeiro lugar, nenhuma matança no Antigo Testamento foi genocídio. A motivação de Deus estava relacionada a problemas morais, não de raça. O genocídio simplesmente não faz parte de sua natureza. Ao responder às perguntas "Como Deus realmente é?" e "Deus é violento?", descobrimos que ele é misericordioso e amoroso (Salmos 103:8), santo e reto (Salmos 145:17 e Apocalipse 3:7), justo e equânime (Salmos 119:137,138). Deus não se apressa em julgar — ele é *compassivo e misericordioso; demora para irar-se e é grande em amor* (Salmos 103:8). Entretanto, ele *julgará o mundo com justiça, e os povos, com fidelidade* (Salmos 96:13). Não faz parte da natureza de Deus ser injusto.

Deus não poderia ser um Deus perfeito e amoroso sem ser igualmente um Deus justo que julga com perfeição. Ele não pode reagir de outra forma quando a maldade é cometida e ainda permanecer bom. O teólogo J. I. Packer nos ajuda a vermos esse ponto com clareza:

> Poderia um Deus que não se importa com a diferença entre o certo e o errado ser bom e admirável? Seria

---

[35] Hitchens, Christopher. *God Is Not Great: How Religion Poison Everything,* p. 101.

> moralmente perfeito e digno de louvor um Deus que não faz distinção entre as bestas da história, os Hitlers e Stalins (se nos atrevemos a usar nomes) e seus próprios santos? A indiferença moral seria imperfeição em Deus, não perfeição. Não julgar o mundo seria mostrar indiferença moral. A prova final de que Deus é um ser moral perfeito, não indiferente a questões do certo e do errado, é o fato de ele ter se comprometido a julgar o mundo.[36]

Deus julga retamente porque ele é perfeito, santo e amoroso. Se ele agisse de forma diferente, seria menos do que Deus.

## As razões de Deus

Em segundo lugar, devemos determinar por que Deus ordenou que todo um povo fosse destruído. Moisés disse aos filhos de Israel: *É pela culpa destas nações que o Senhor, teu Deus, as expulsa da tua frente, para confirmar a palavra que o Senhor, teu Deus, jurou a teus pais, Abraão, Isaque e Jacó* (Deuteronômio 9:5). O livramento da terra dos cananeus que fora prometida a Abraão não ocorreu por algo que os filhos de Israel tivessem feito ou por estarem vivendo fielmente a Deus — eles não estavam. A terra lhes seria dada porque Deus a prometera a Abraão.

Além disso, os cananeus foram destruídos por causa de sua impiedade. Eles eram idólatras, estavam envolvidos em incesto, prostituição cultual, adultério, homossexualidade e bestialidade, e ainda sacrificavam crianças. Eram um povo depravado. Todavia, Deus foi paciente e lhes estendeu misericórdia. O povo de Canaã teve mais de quatrocentos anos para se arrepender de seus maus caminhos (Gênesis 15:16). Deus não tinha nada contra eles como povo — entretanto, não tolerava o comportamento depravado e mau.

Mesmo assim, Deus estava disposto a salvar as pessoas em Canaã que fossem justas. De fato, ele salvou Raabe, em Jericó, porque ela era

---

[36] Packer, J. I. *Knowing God*, ed. de 20º aniversário. Downers Grove: InterVarsity, 1993, p. 143.

uma pessoa justa. Deus acaba exercendo o juízo sobre todos os que não se arrependem do seu pecado. E com o povo de Canaã não foi diferente. Isso não torna Deus um genocida; reflete apenas sua santa justiça e seu reto julgamento.[37]

● ● ● ● ●

Uma das objeções mais comuns contra Deus é a prevalência do mal no mundo. Por que ele não interrompe o mal e o sofrimento? Todavia, quando Deus age para interromper o mal, como no caso do julgamento dos cananeus, as pessoas se queixam de que ele é implacável demais. Mas, se realmente existe um Deus santo, justo e onisciente, não devemos esperar que ele aplique julgamento aos malfeitores? Mesmo não podendo compreender *por que* Deus destruiu os cananeus, podemos confiar que ele teve boas razões. Deus é Deus, e nós não somos. *Os meus pensamentos não são os vossos pensamentos, nem os vossos caminhos são os meus caminhos, diz o* Senhor (Isaías 55:8).

Embora às vezes possamos lutar para compreender os métodos de Deus de justiça e julgamento, pela fé devemos reconhecê-lo como o impressionante e santo Deus que ele é. Como disse o rei Davi:

> *Ó Deus, teus atos são santos; que Deus é tão grande como o nosso Deus? Tu és o Deus que faz maravilhas; tens feito notória a tua força entre os povos. Com teu braço, remiste teu povo.* (Salmos 77:13-15)

---

[37] Para uma abordagem mais completa, veja o cap. 13. "Deus é um tirano genocida?", de *Is God a Human Invention?*

# 30

## Como um Deus amoroso pode mandar pessoas para o inferno?

Muitos pensam que não é certo Deus condenar algumas pessoas a arderem num lugar de fogo. Deus é amor, e punir eternamente pessoas não combina com isso, certo? Então, como um Deus amoroso pode mandar pessoas para o inferno?

Para começar, seria de grande ajuda compreender para onde se pensa que Deus está mandando as pessoas. A maioria dos norte-americanos acredita num lugar chamado inferno. Muitos o consideram um lugar de punição eterna de "fogo e enxofre" — como uma câmara flamejante de tortura. Mas isso é o que o inferno é — uma fornalha eterna sofrível onde as pessoas são torturadas eternamente?

### Esclarecendo as palavras das Escrituras

Para compreender o ensino das Escrituras, precisamos entender quando as palavras são usadas literalmente ou em sentido figurado. Se não o fizermos, podemos facilmente interpretar mal o ensinamento ali contido. Jesus se referiu ao inferno como um lugar onde há fogo, que normalmente produz luz (Marcos 9:48). Ao mesmo tempo, ele fez menção ao inferno como um lugar de *trevas exteriores* (Mateus 22:13). Parece razoável que essas palavras sejam figurativas. Se um significado literal lhes fosse aplicado, as trevas e a luz do fogo se anulariam mutuamente. Jesus quase sempre usou metáforas em seus ensinos, e aqui cremos que ele estava usando uma figura de linguagem para a indescritível natureza do inferno.

O inferno é mais bem compreendido por aquilo que *não é*. Paulo o descreve como um lugar *longe da presença do Senhor e da glória do seu poder* (2Tessalonicenses 1:9). Tente imaginar um lugar longe da comunhão com Deus. Um lugar sem Deus é um lugar sem relacionamentos, sem amor, sem alegria, paz, beleza, satisfação, contentamento, aceitação, afeição, realização, riso e tudo mais que é chamado de bom. Isso seria o inferno — literalmente. Um lugar sem nada do que Deus é seria um lugar de eterna solidão — um lugar chamado inferno. Nós cremos que as *trevas exteriores* às quais Jesus se referiu descrevem essa completa ausência de relacionamento. E esse completo isolamento seria a fonte de indescritível angústia.

Da mesma forma, cremos que a metáfora do fogo eterno para descrever o inferno sugere a decomposição da alma. Essa figura descreve a infindável decomposição de tudo o que é bom numa pessoa. A verdade é que somos almas viventes que estão se tornando algo. Estamos nos tornando pessoas que amam de forma altruísta Deus e os outros, o que equivale à verdadeira vida, ou estamos amando egoisticamente a nós mesmos, o que equivale à verdadeira morte. O pastor, apologista e autor Tim Keller nos traz uma visão perspicaz para esse conceito:

> Até mesmo nesta vida podemos ver o tipo de desintegração da alma que o egoísmo cria. Sabemos como o egoísmo e a autoabsorção conduzem a amargura perceptível, inveja repugnante, ansiedade paralisante, pensamentos paranoicos, recusa mental e distorções que os acompanham. Agora faça a pergunta: "E se quando morrermos não acabarmos, mas a nossa vida se estender

> espiritualmente por toda a eternidade?" O inferno, então, é a trajetória de uma alma, vivendo uma vida egoísta e autocentrada, prevalecendo eternamente.[38]

Jesus nos advertiu: a vida egocêntrica terminaria em perda. *Pois quem quiser preservar a sua vida, este a perderá; mas quem perder a vida por amor de mim, este a preservará. Que adianta ao homem ganhar o mundo inteiro e perder-se, ou prejudicar a si mesmo?* (Lucas 9:24,25). Viver uma vida egocêntrica é semelhante a viver como uma pessoa morta-viva.

## O verdadeiro desejo de Deus

O inferno, então, é um lugar ausente de relacionamentos, é a solidão absoluta. O inferno é um lugar de perpétua desintegração da alma num egocentrismo cada vez maior. É difícil imaginar a angústia de tal lugar — a completa solidão do morto-vivo. Todavia, é um Deus amoroso que está mandando pessoas para esse lugar?

As Escrituras deixam claro que Deus *não quer que ninguém pereça, mas que todos venham a se arrepender* (2Pedro 3:9). Ele ama o mundo inteiro e morreu para que pudéssemos experimentar sua presença e toda a alegria e o bem que isso produz. Mas Deus não nos forçará a amá-lo e a desfrutar o relacionamento com ele. Assim, na verdade, Deus não manda pessoas para o inferno; elas é que fazem uma livre escolha ao rejeitá-lo. Deus não obriga ninguém a um relacionamento com ele. E, ao permitir livre escolha aos seres humanos, ele abriu consequências que podem ser extremamente negativas.[39] Quando as pessoas escolhem servir a si mesmas em vez de servir a Deus, no final das contas estão escolhendo um lugar ausente de relacionamento e cheio do ego — um lugar chamado inferno.

---

[38] KELLER, Timothy. *The Reason for God: Belief in an Age of Skepticism*. New York: Dutton, 2008, p. 76-7.
[39] Veja "De onde veio o mal?", p. 64.

C. S. Lewis afirmou: "Todos os que estão no inferno o escolheram [...] A porta para o inferno é fechada por dentro".[40] As pessoas fazem a escolha de servir a si mesmas porque é desconfortável para elas servirem a Deus e aos outros. O céu — onde Deus reside — é um lugar de perpétuo louvor e serviço a ele (veja Apocalipse 4). A pessoa que escolheu uma vida egocêntrica não toleraria o céu.

● ● ● ● ●

O inferno não é o lugar para onde Deus quer que alguém vá. Deus não forçará ninguém a escolher ter uma eternidade de alegria com ele. Ele simplesmente se oferece como salvação das pessoas, livrando-as de uma eternidade sem ele. *Eu sou a ressurreição e a vida*, disse Jesus. *Quem crê em mim, mesmo que morra, viverá; e todo aquele que vive, e crê em mim, jamais morrerá* (João 11:25,26).[41]

---

[40] LEWIS, C. S. *The Abolition of Man*. New York: Macmillan, 1947, p. 69.
[41] Para uma visão bíblica mais ampla do inferno, veja cap. 12, "O inferno é uma câmara divina de tortura?", de *Is God Just a Human Invention?*

# 31

## Deus castiga as pessoas por meio de desastres naturais?

A pequena nação do Haiti foi devastada em 2010 por um grande terremoto. Em 2005, o furacão Katrina devastou a costa do golfo dos Estados Unidos. O terremoto e o *tsunami* de 2011, no Japão, causaram enorme destruição. Todos os anos, milhares de terremotos, *tsunamis*, ciclones, enchentes, furacões, tornados, vulcões, estiagens e deslizamentos de terra causam bilhões de dólares de prejuízos e matam dezenas de milhares de homens, mulheres, crianças e animais. A Bíblia diz que em Cristo *tudo subsiste* (Colossenses 1:17) [...], então ele é responsável por esses desastres naturais? Deus está punindo as pessoas ao mandar-lhes terremotos, vulcões, furacões e todo tipo de catástrofe natural?

O Antigo Testamento registra incidentes nos quais Deus reteve a chuva de Israel (1Reis 17:1), mandou pragas sobre o Egito (Êxodo 1:19,20) e abriu o chão para engolir a família de Coré, que estava se rebelando contra Moisés (Números 16:29-33). Vemos que Jesus tinha controle do tempo ao acalmar a tempestade para seus discípulos (Lucas 8:24). Deus está plenamente no controle de cada átomo do universo. Por causa disso, algumas pessoas hoje dizem que ele usa os elementos naturais para realizar sua vontade, especialmente ao executar julgamento sobre nações, cidades, vilas e vilarejos.

Deus é de fato soberano sobre todo o universo. Ele está no controle máximo de toda a sua criação. Todavia, isso não significa que ele escolhe manipular os fenômenos naturais. Inquestionavelmente, Deus tem o poder de intervir no mundo natural — e ele tem feito e o faz agora —, mas não necessariamente ele causa toda mudança climática, por exemplo. Nem todo desastre natural é um "ato de Deus".

Aprendemos em Gênesis que o mundo era um lugar perfeito. Porém, depois que os seres humanos se rebelaram (pecaram) contra Deus, a consequência natural foi a morte — separação de Deus, que é o verdadeiro sustentador da vida e de tudo o que é bom. Nessa separação, Adão e Eva encontraram um mundo em que a vida passou a ser difícil e desastres naturais começaram a ocorrer. O planeta pareceu sofrer uma transição para a violência. E, desde então, o ar frio e o ar quente colidem, formam padrões de ventos turbulentos, tornados, furacões, chuvas, enchentes, deslocamentos de terra, terremotos e erupções vulcânicas. Hoje a terra recebe duas mil tempestades de raios a todo momento. Além disso, nosso planeta é alvejado por surpreendentes cem golpes de raios a cada segundo — 3,6 trilhões de raios por ano![42] Nós vivemos numa terra violenta.

Mas Deus fica tão descontente com os desastres naturais quanto nós. E um dia ele trará paz a uma terra violenta. As Escrituras dizem que

> *... a criação aguarda ansiosamente a revelação dos filhos de Deus [...] na esperança de que também a própria criação seja libertada do cativeiro da degeneração, para a liberdade da glória dos filhos de Deus. Pois sabemos que toda a criação geme e agoniza até agora, como se sofresse dores de parto.* (Romanos 8:19,21,22)

---

[42] Como disponível em: www.thecomputerwizard.biz/lightning.htm.

Os meteorologistas nos informam que as inundações são as principais assassinas entre as calamidades da natureza. Talvez a mensagem não seja a de que Deus está punindo os que se desviaram, e sim de que precisamos ser mais cuidadosos quanto aos locais onde construímos nossas casas e nossos negócios. As estruturas modernas têm possibilitado construir aterros e outros artifícios que abriram milhões de acres para que comunidades cresçam ao redor do mundo. E, quando esses aterros transbordam ou se rompem, as comunidades que ficam abaixo do nível são destruídas. Isto não sugere que Deus não pode falar por meio de desastres naturais ou julgar pessoas por meio deles. Mas este planeta segue as leis da física e da natureza. Assim, é aconselhável que, diante de tragédias naturais, não lancemos a culpa nas vítimas ou em Deus.

● ● ● ● ●

A vida é incerta neste planeta — nada é garantido. As boas coisas de Deus acontecem a pessoas ruins, e coisas ruins acontecem a pessoas boas. Jesus disse que Deus *faz nascer o sol sobre maus e bons e faz chover sobre justos e injustos* (Mateus 5:45). Quando ocorrem desastres naturais, em vez de querermos saber se Deus nos está punindo pessoalmente, é melhor seguir o conselho de Pedro: *Humilhai-vos sob a poderosa mão de Deus, para que ele a seu tempo vos exalte, lançando sobre ele toda a vossa ansiedade, pois ele tem cuidado de vós* (1Pedro 5:6,7).

## 32
## Por que Deus permite o sofrimento?

Nem todos os livros do mundo poderiam conter os relatos de todo o sofrimento que os seres humanos experimentaram desde a aurora dos tempos. Como indaga Bart Ehrman, agnóstico, professor e autor de *God's Problem*:

> Vivemos num mundo em que uma criança morre de fome a cada cinco segundos. A cada minuto, 25 pessoas morrem por não terem água limpa para beber. A cada hora, 700 pessoas morrem de malária. Onde está Deus em tudo isto?[43]

Como explicar todo o mistério e sofrimento do mundo se Deus é verdadeiramente soberano e está no controle de todas as coisas? Existe uma resposta è pergunta "Por que Deus permite o sofrimento?"

Alguns dizem que o sofrimento é "a punição de Deus ao pecado" ou "um teste de fé" ou "o ataque do Diabo sobre os humanos e ao planeta terra" ou "os meios de redenção de Deus" ou "um enorme mistério, e não temos o direito de questionar Deus quanto às razões

---

[43] EHRMAN, Bart D. *God's Problem: How the Bible Fails to Answer Our Most Important Question — Why We Suffer*. New York: Harper Collins Publishers, 2008, como citado no artigo "Bart Ehrman: How the Problem of Pain Ruined My Faith", disponível em: blog. beliefnet.com.

por que as coisas acontecem dessa forma". Contudo, cremos que a pergunta é válida e merece uma resposta. Reconhecemos que uma breve discussão sobre esse assunto é inadequada, mas esperamos dar ao menos uma perspectiva inicial.

Primeiro, não achamos que exista alguma explicação lógica que satisfaça o profundo clamor emocional por solução ao terrível problema da dor e do sofrimento. Por isso, reconhecemos que argumentos e discursos filosóficos não podem responder plenamente aos clamores do coração. Mas isso não significa que não devamos pensar profundamente a respeito. Dito isso, cremos que a visão cristã fornece a resposta intelectualmente mais satisfatória e mais emocionalmente gratificante ao problema do sofrimento e do mal.

Desde o início, Deus deu aos humanos criados à sua imagem o poder da livre escolha e do livre-arbítrio.[44] Sob a perspectiva humana, houve um grande risco em Deus fazer isso — os seres humanos podiam escolher o próprio caminho, e não o caminho de Deus. E, claro, eles escolheram. Isso pode não parecer, a princípio, o fim do mundo, mas é.

Se for aceita a premissa de que *Toda boa dádiva e todo dom perfeito vêm do alto e descem do pai das luzes* (Tiago 1:17), provavelmente se aceita a ideia de que experimentar uma vida de alegria, paz, suavidade, beleza, bondade, amor e tudo o que se chama de bom depende e resulta de estar em relacionamento com Deus e de viver de acordo com seus caminhos. Então, se um ser humano finito, criado para estar em relacionamento com Deus, decide ir contra esse relacionamento, qual é a alternativa? Uma vida sem alegria, paz, amor, bondade etc., ou seja, uma vida oposta à de Deus — resultando em dor e sofrimento.

Imagine que a primeira família de peixes fosse formada por seres inteligentes com almas eternas. Claro, como peixes, eles foram projetados para viver na água com guelras que respiravam "bom

---

[44] Veja "De onde veio o mal?", p. 64.

oxigênio" do lago Paraíso. Mas e se esse primeiro casal de peixes escolhesse "viver" fora do seu lar perfeito no lago Paraíso? Como sabemos, esse seria um erro trágico. Peixes não são feitos para respirar o ar livre porque isso é o "mau oxigênio" para eles. E, se eles agirem assim, experimentarão a dor e o sofrimento. Mas, porque esses peixes em particular têm uma alma eterna, eles experimentam o sofrimento de uma "morte em vida". E quanto a toda a descendência desses peixes? A experiência da "morte em vida" é passada para cada novo peixe nascido fora do lago Paraíso. Essa tragédia é falha do criador do peixe? Ou o sofrimento é causado pelo primeiro peixe que escolheu viver contrariamente ao projeto original e fora do Paraíso em relacionamento com seu criador?

Admitamos, essa ilustração não responde a todos os complexos detalhes de por que o sofrimento acontece. Mas talvez nos ajude a lembrar que um criador infinito, que é perfeito, santo e bom, criou os seres humanos para desfrutarem vida em relacionamento com ele. Deus concedeu ao primeiro casal algo muito bom — o poder de escolher entre amá-lo de forma altruísta e crer que ele sabia o que era melhor (algo muito bom)... ou amar a si mesmos, egoisticamente, e crer que *eles* sabiam o que era melhor (algo muito ruim). O que Deus queria era que os seres humanos finitos confiassem que ele (o Deus infinito) sabia o que era melhor para eles (seres finitos). Deus queria que eles, de forma altruísta, o colocassem em primeiro lugar e aprendessem que o estilo dele de viver era o caminho da alegria, paz e bondade. Se o primeiro casal tivesse seguido esse caminho, teria evitado dor e sofrimento.

## O que Deus está fazendo a respeito do sofrimento

De certa forma, podemos produzir uma resposta teológica ou filosófica sobre por que existe sofrimento e por que a livre escolha de fato o permitiu. Mas, em muitos aspectos, a intensidade do sofrimento humano é por demais devastadora para que a razão ou a lógica forneçam uma resposta totalmente satisfatória. E, de fato, a Bíblia, de modo geral, não trata diretamente da questão por que existe o sofrimento. Entretanto, desde o primeiro livro de Gênesis até o último livro de Apocalipse, ela não nos fala o que Deus está fazendo a respeito. *Ele não ignorou o sofrimento; está redimindo o mundo que lhe pertence.*

Quando os seres humanos escolheram rejeitar Deus e seus caminhos, isso produziu imensurável dor e sofrimento à humanidade. Mas não foi só a humanidade que sofreu. Deus não teve uma resposta impessoal ao sofrimento. Ele também sofreu, porque a Bíblia diz: *E isso lhe pesou no coração* (Gênesis 6:6). Embora seja verdade que Deus *demora para irar-se e é grande em amor* (Salmos 103:8), ele se ira. Ele fica irado pelo fato de o pecado produzir dor e sofrimento à sua criação. Ele fica irado pelo fato de a morte tê-lo separado dos filhos que ele criou. Ele está irado com seu arqui-inimigo, que detém o poder da morte.

Mas, em sua ira santa e amor infalível, Deus agiu. Há muito tempo ele prometeu a Abraão que, por meio de seus descendentes, daria uma solução final ao sofrimento, à dor e à morte. Naquele dia, Deus prometeu aos filhos de Abraão que ele *destruirá o manto que cobre todos os povos e o véu que está sobre todas as nações. Aniquilará a morte para sempre, e assim o* Senhor *Deus enxugará as lágrimas de todos os rostos e tirará de toda a terra a humilhação do seu povo* (Isaías 25:7,8).

A solução de Deus para todo sofrimento significou assumir a forma de um ser humano e também sofrer. Jesus experimentaria todo o peso do sofrimento humano — isto é, a fome, a traição, a rejeição, a solidão e a torturante morte da crucificação. Assim, num sentido real, Deus sabe o que é sofrer e simpatiza conosco (veja Hebreus 2:18; 4:15). Mas ele não deixou o Filho nessa situação. Jesus ressuscitaria para resgatar o seres humanos do poder da morte e do poder do seu antigo inimigo, o próprio Diabo. *Para que pela morte destruísse aquele que tem o poder da morte, isto é, o Diabo* (Hebreus 2:14).

Deus não permitirá que Satanás destrua sua criação. Ele tem um plano de redenção e restauração. *Cristo primeiro*, diz a Bíblia:

> *E depois os que lhe pertencem na sua vinda. Então virá o fim, quando ele entregar o reino a Deus, o Pai, quando houver destruído todo domínio, toda autoridade e todo poder. Porque é necessário que ele reine até que tenha posto todos os inimigos debaixo de seus pés. E o último inimigo a ser destruído é a morte.* (1Coríntios 15:23-26)
>
> *Para isto o Filho de Deus se manifestou: para destruir as obras do Diabo.* (1João 3:8)
>
> *E, quando todas as coisas lhe estiverem sujeitas, então o próprio Filho se sujeitará àquele que todas as coisas lhe sujeitou, para que Deus seja tudo em todos.* (1Coríntios 15:28)

Deus, é claro, sabia que nós, humanos, não confiaríamos que ele sabia o que era melhor para nós e que acabaríamos escolhendo nosso caminho. Mas, para que o amor fosse genuíno, tinha de ser por nossa escolha. Deus estava disposto a nos permitir escolher mesmo que isso lhe causasse grande dor.

Pode-se ouvir a tristeza na voz de Jesus quando ele se lamenta sobre a nação de Israel, que, como representante da raça humana, o rejeitou: *Jerusalém, Jerusalém, que matas os profetas e apedrejas os que te são enviados! Quantas vezes eu quis ajuntar teus filhos, como as galinhas ajunta seus filhotes debaixo das asas, e não quiseste!* (Mateus 23:37). Não é maravilhoso como Deus respeita e honra nossas escolhas, embora compreenda plenamente as devastadoras consequências dessas escolhas sobre ele e nós? Isso por si só demonstra quanto nosso Deus relacional honra a realidade de que o amor é uma escolha.

Mas, com tudo o que foi dito, ainda resta esta questão perturbadora: Se o sofrimento é uma consequência natural da livre escolha, então por que o inocente precisa sofrer? E por que Deus não age para acabar com o sofrimento de vez? Se ele irá finalmente vencer a morte, por que ele demora tanto para fazê-lo? Esse é o assunto da nossa pergunta seguinte.

# 33

## Por que Deus não termina com o sofrimento agora?

Este mundo está cheio de sofrimento e dor, e Deus permite que assim seja. E, embora possamos compreender até certo ponto por que Deus teve de permitir o sofrimento,[45] por que ele não o interrompe agora mesmo? Por que ele permite que o sofrimento perdure por tanto tempo? Essa é uma pergunta perturbadora.

Um Deus perfeito e santo criou um mundo perfeito. Ele *viu tudo quanto fizera, e era muito bom* (Gênesis 1:31). Mas não por muito tempo. Por causa do livre-arbítrio, os seres humanos tiveram a possibilidade de escolher entre o caminho de Deus e o caminho deles. Eles escolheram o caminho deles, e o pecado e o mal entraram no mundo. O paraíso perfeito que Deus criara foi destruído. Desse momento em diante — milhares de anos —, fome, doença, ódio, guerras e incontáveis desgostos atormentaram a raça humana. É verdade que Deus prometeu redimir os que confiarem em seu Filho para salvação e também restaurar a criação a seu projeto original. Mas por que Deus está demorando tanto para corrigir a trágica confusão que os humanos criaram neste mundo?

---

[45] Veja "Por que Deus permite o sofrimento?", p. 120.

## Uma pergunta difícil

Admitimos nossa incapacidade de explicar satisfatoriamente por que Deus tem permitido o sofrimento por tanto tempo. Concordamos com o agnóstico Bart Ehrman com o fato de que a pergunta "Onde está Deus em tudo isto?", mencionada no capítulo anterior, é um questionamento válido, embora discordemos de suas respostas e conclusões.

Mas por que Deus está demorando *tanto* para dar um fim à dor e ao sofrimento é realmente uma pergunta desconcertante. Há mais de 2:500 anos, Habacuque, um profeta de Judá, fez a mesma indagação. Ele viveu numa época de grande violência e perversidade em Judá, na qual muitos inocentes sofreram. O profeta perguntou: *Até quando clamarei, e não escutarás,* Senhor*? Ou gritarei a ti: Violência! E não salvarás? Por que razão me fazes ver a maldade e a opressão? A destruição e a violência estão diante de mim; também há contendas, e o litígio é comum* (Habacuque 1:2,3). Parecia a Habacuque que Deus estava ignorando o problema da dor e do sofrimento.

Jó levantou a mesma queixa. Seu enorme rebanho de animais havia sido roubado, e todos os seus empregados, mortos. Sua casa fora destruída, e todos os seus filhos, assassinados. Ele contraiu um terrível caso de tumores que o cobriu da cabeça aos pés. E, sentado na miséria raspando as feridas com cacos de cerâmica, o único conforto e conselho que obteve da esposa foi: *Amaldiçoa a Deus e morre* (Jó 2:9).

Em vez disso, Jó amaldiçoou o dia do seu nascimento e perguntou: *Sim, por que se concede luz ao homem cujo caminho está encoberto, e a quem Deus cercou de todos os lados?* [...] *Não tenho tranquilidade, nem sossego, nem descanso, somente perturbação* (Jó 3:23,26). Ele não podia compreender por que Deus permitia tamanho sofrimento àqueles sem nenhum futuro.

O rei Davi também fez esses questionamentos a Deus. Ele fora maltratado, traído e sofrera nas mãos dos inimigos. Então clamou:

> *Até quando, SENHOR? Tu te esquecerás de mim para sempre? Até quando esconderás o rosto de mim? Até quando relutarei dia após dia, com tristeza em meu coração? Até quando o meu inimigo se exaltará sobre mim? Atenta para mim, ó SENHOR, meu Deus, e responde-me.* (Salmos 13:1-3)

Qual é a resposta de Deus? Por que ele não acaba com a maldade? A violência está em toda parte hoje, no século 21. Vemos a miséria e a desesperança dos famintos e arruinados. Onde está Deus? Por que ele permite que isso continue?

### Até Jesus fez a pergunta

Uma última pergunta antes de apresentarmos uma resposta. Jesus, verdadeiro Deus e verdadeiro homem, também fez essa pergunta. Ele sabia que deveria sofrer e padecer morte cruel pelos pecados do mundo. Todavia, pouco antes de sua crucificação, perguntou: *Meu Pai, se possível, afasta de mim este cálice; todavia, não seja como eu quero, mas como tu queres* (Mateus 26:39). Não é de estranhar que, no nível humano, Jesus não quisesse sofrer. Está claro que ele estava lutando com a ideia de que experimentaria grande dor e sofrimento. Do ponto de vista humano, Jesus não queria suportar a morte torturante da cruz — todavia, ele o faria por seu Pai.

E, horas depois, Jesus faz a pergunta mais desconcertante de todos os tempos. Pendurado na cruz, sofrendo morte horrível, ele reúne forças para perguntar: *Deus meu, Deus meu, por que me desamparaste?* (Mateus 27:46). Que pergunta para ser dirigida pelo Filho de Deus a seu Pai! Jesus estava, na verdade, citando Salmos 22:1, onde o rei Davi fez a mesma pergunta. Davi continuou: *Por que estás longe de dar-me livramento, longe das palavras do meu clamor? Meu Deus, eu clamo de dia, mas não me ouves; também de noite, mas não encontro sossego* (Salmos 22:1,2).

É como se Jesus falasse em nome de toda a raça humana, ao indagar: "Por que, Deus, nos abandonaste?" Foi como se o seu clamor se ampliasse de volta até a expulsão do primeiro casal do jardim do Éden e seguisse em frente até o fim dos tempos, perguntando: "Por que não fazes algo a respeito agora?"

### Deus deseja mais relacionamentos

Não sabemos se ou como Deus respondeu a seu Filho na cruz. As perguntas de Habacuque, Jó e Davi ficaram sem explicação. Vasculhe as Escrituras, e você encontrará bem poucas respostas. O apóstolo Pedro sugere que Deus está aguardando que mais pessoas o busquem *O Senhor não retarda a sua promessa*, diz Pedro. *Mas ele é paciente para convosco e não quer que ninguém pereça, mas que todos venham a se arrepender [...] Considerai como salvação a paciência de nosso Senhor* (2Pedro 3:9,15).

É verdade que, quanto mais Deus tarda em retornar, mais pessoas o encontram. Estudos feitos pela Operation World e relatados no livro *Perspectivas* mostram que, por volta de 1887, após cem anos de trabalho missionário no mundo, havia 3 milhões de protestantes convertidos de uma população mundial de 1,5 bilhão. Hoje, mais de cem anos depois, esses números mudaram substancialmente.

O cristianismo pode ter declinado em relação à população ocidental, mas não é assim em outras áreas de grande população no mundo. Por exemplo, em 1900 havia 8 milhões de cristãos na África; por volta de 2000, eram 35 milhões. O cristianismo se tornou agora a maior religião na África subsaariana. Em 1900, havia 22 milhões de cristãos na Ásia; em 2005, algo em torno de 370 milhões. De 1900 a 2000, os evangélicos cresceram na América Latina de cerca de 700 mil para mais de 55 milhões. E mais muçulmanos estão se voltando para Cristo no Oriente Médio do que em qualquer outra época na história. O relatório da *Operation World* de 2006 resumiu o assunto da seguinte maneira:

> O cristianismo evangélico é atualmente o movimento religioso com crescimento mais rápido no mundo. O crescimento evangélico representa mais que o dobro da taxa de crescimento da religião mais próxima (islamismo) e mais que o triplo da taxa de crescimento da população mundial.[46]

Isso significa que, enquanto a terra estiver sendo povoada e as pessoas estiverem se convertendo a Cristo, Deus esperará para dar fim a tudo? Não sabemos. Mas Deus sabe, e parece claro que simplesmente escolheu não explicar totalmente por que ele tem permitido que o mal, o sofrimento, a dor e a morte durem tanto quanto têm durado.

Preste atenção no que Deus disse a Habacuque: *Vede entre as nações, e olhai; maravilhai-vos e admirai-vos; porque realizo em vossos dias uma obra que não acreditareis, quando vos for contada* (Habacuque 1:5). Todavia, Deus tinha um plano na época e ainda tem. Ele tinha motivos para fazer o que estava fazendo; apenas não explicaria todas as suas razões a Habacuque. Claro, Deus poderia nos explicar hoje por que existe sofrimento e por que está demorando séculos para ele realizar seu objetivo supremo de reconciliar *consigo mesmo o mundo* (2Coríntios 5:19). Ele poderia explicar por que ainda não recriou este mundo como um lugar onde *não haverá mais morte, nem pranto, nem lamento, nem dor* (Apocalipse 21:4). No entanto, ele escolheu não explicar isso para nós. Mas isso não significa que não tenhamos uma resposta.

### Focando no próprio Deus

Parece que Deus deu a Habacuque uma compreensão sobre como encarar essa pergunta — e que vale para todos nós também. Em vez de tentarmos imaginar os detalhes do seu *plano*, Deus quer que foquemos nele como uma *pessoa*. Ele disse a Habacuque:

---

[46] Institute of International Studies, *Perspectives on the World Christian Movement*. Pasadena: William Carey Library, 2009, p. 362-4.

> *Pois a visão é ainda para o tempo determinado e se apressa para o fim. Ainda que demore, espera-a; porque certamente virá, não tardará. Vede o arrogante! A sua alma não é correta; mas o justo viverá por sua fé.* (Habacuque 2:3,4)

Aí está: Deus quer que confiemos nele pessoalmente, mesmo que não entendamos seu plano. Jó finalmente compreendeu a mesma mensagem — que devia colocar sua fé na pessoa de Deus —, e lhe disse: *Bem sei que tudo podes e que nenhum dos teus planos pode ser impedido. Quem é este que sem conhecimento obscurece o conselho? De fato falei do que não entendia, coisas que eram maravilhosas demais e eu não compreendia* (Jó 42:2,3). E como Jó chegou à conclusão de que os caminhos de Deus e seus planos estavam além de sua compreensão? Conhecendo a pessoa de Deus. *Com os ouvidos eu tinha ouvido falar a teu respeito,* disse Jó, *mas agora meus olhos te veem* (Jó 42:5). Seu foco não estava mais num plano, mas numa pessoa em quem ele confiava.

O rei Davi também compreendeu a mensagem de que ele precisava viver pela fé na pessoa de Deus. Logo depois de ter perguntado a Deus: *Por que me desamparaste?,* o salmista declarou: *Tu és santo, entronizado sobre os louvores de Israel. Nossos pais confiaram em ti; confiaram, e tu os livraste. Clamaram a ti e foram salvos; confiaram em ti e não se decepcionaram* (Salmos 22:3-5). Leia todo o salmo 22 e você verá que Davi compreendeu a mensagem. Ele pode não ter compreendido por que Deus demorou em consertar as coisas, mas acreditou que Deus era bom e sabia o que estava fazendo.

E, embora Jesus, como Deus, soubesse que seu sofrimento era a única solução para o pecado, o sofrimento e a morte, ele serviu de modelo para nós quanto ao que devemos fazer — colocar nossa fé e confiança em Deus, que faz tudo certo, no tempo oportuno. Pedro disse:

> *Para isto fostes chamados, pois Cristo também sofreu por vós, deixando-vos exemplo, para que sigais os seus passos.*

> *Ele não cometeu pecado, nem engano algum foi achado na sua boca; ao ser insultado, não retribuía o insulto, quando sofria, não ameaçava, mas entregava-se àquele que julga com justiça.* (1Pedro 2:21-23)

Podemos não compreender o plano de Deus, mas ainda assim confiar na pessoa dele. Ele é fiel e justo e sempre julga retamente. E sempre está conosco. Jesus disse: *Deixo-vos a paz, a minha paz vos dou. Eu não a dou como o mundo a dá. Não se perturbe o vosso coração nem tenha medo* (João 14:27). Jesus orou ao Pai para que este nos mandasse seu Espírito — o Espírito Santo para nos guiar, nos confortar e estar conosco independentemente do que aconteça. E assegurou: *Eu estou convosco todos os dias, até o final dos tempos* (Mateus 28:20).

## 34

### Deus tem sentimentos e emoções?

As emoções se constituem em um estado ou na vivência de certos sentimentos com base em influências internas ou externas. Existem muitas teorias, que remontam a Platão e Aristóteles, sobre o significado das emoções e sua procedência. Nós, como seres humanos, e até mesmo os animais, temos emoções. Entre as emoções humanas mais básicas, estão a *alegria* — estar feliz, satisfeito, alegre, contente, realizado, completo etc. — a *tristeza* — estar aflito, desalentado, inconsolável, deprimido etc.; o *entusiasmo* — estar empolgado, disposto, estimulado, agitado etc.; o *susto* — estar amedrontado, apavorado, ansioso, tenso etc.; a *ira* — estar irritado, angustiado, furioso, nervoso, descontente etc.; a *delicadeza* — ser amoroso, generoso, amigável, simpático etc.

Muitos teóricos definem algumas emoções como básicas e outras como complexas. E, aparentemente, não há consenso em como determinar qual é qual. Todavia, é universalmente aceito que somos seres emocionais complexos com emoções saudáveis, emoções doentias e até mesmo desordens emocionais. De onde vêm nossas emoções? Deus nos criou dessa forma porque ele também tem sentimentos e emoções?

Está escrito no livro de Gênesis que *disse Deus: Façamos o homem à nossa imagem, conforme nossa semelhança* (Gênesis 1:26). Portanto, se

Deus tem emoções, talvez as tenha passado para nós. Ele é infinito em sua eterna existência, é onipotente, onipresente, onisciente etc.[47] Como seres humanos finitos, não podemos ter essas características de Deus. Sabemos que ele é também santo, perfeito e justo. Ele não pode fazer nada pecaminoso ou errado. E nós sabemos, como seres humanos pecadores, que não podemos herdar tampouco sua natureza santa. Mas herdamos sua imagem relacional.

Deus existe como relacionamento — três pessoas que compartilham a substância e a essência de ser Deus.[48] As Escrituras se referem ao nosso criador como *o Senhor, cujo nome é Zeloso, é Deus zeloso* (Êxodo 34:14). E, como um Deus relacional, ele expressa emoções relacionais. Por exemplo, antes mesmo de tomar a forma humana na pessoa de Jesus, a Bíblia nos informa algumas emoções que ele expressou.

- Satisfação (Gênesis 1:31).
- Tristeza (Gênesis 6:6).
- Descontentamento (2Samuel 11:27).
- Alegria (Neemias 8:10).
- Arrependimento (Gênesis 6:6).
- Cuidado (Deuteronômio 1:31).
- Agrado (Salmos 18:19).
- Exasperação (Êxodo 32:9).
- Prazer (Salmos 16:3).
- Ciúme (Êxodo 20:5).

No entanto, em nenhuma dessas emoções Deus cometeu pecado (Deuteronômio 32:4). Suas emoções não o mudam, porque ele é imutável (Salmos 102:26,27; Números 23:19). Suas emoções são a expressão de sua santa natureza e relação de amor. Não existe desordem

---

[47] Veja "Como Deus realmente é?", p. 48.
[48] Veja "O que significa Deus ser uma Trindade?", p. 57.

emocional em Deus. Nós, seres humanos, diferentemente de Deus, temos emoções que refletem os desejos de uma natureza pecaminosa; as Escrituras afirmam que

> *as obras da carne são evidentes, a saber: imoralidade, impureza e indecência; idolatria e feitiçaria; inimizades, rivalidades e ciúmes; ira, ambição egoísta, discórdias, partidarismo e inveja [...] Mas o fruto do Espírito é: amor, alegria, paz, paciência, benignidade, bondade, fidelidade, amabilidade e domínio próprio. (Gálatas 5:19-23)*

## Emoções divinas

Quando alguém é levado ao relacionamento com Deus pela confiança em Cristo e sua morte sacrificial e ressurreição, a Bíblia diz que essa pessoa deve se *revestir do novo homem, criado segundo Deus em verdadeira justiça e santidade* (Efésios 4:24). Deus começa então a mudar nossas reações emocionais de profanas para divinas, porque *seu divino poder nos tem dado tudo o que diz respeito à vida e à piedade* (2Pedro 1:3).

Nosso modelo para emoções divinas é Jesus — o Deus — homem. Deus assumiu a forma de um humano e demonstrou como expressar emoções de modo divino. *Jesus vivenciou alegria* e disse aos seus discípulos: *Eu vos tenho dito essas coisas para que a minha alegria permaneça em vós, e a vossa alegria seja plena* (João 15:11). Ele manifestou *ira santa* e expulsou os cambistas do templo (Mateus 21:12,13). Ele *sentiu tristeza* e chorou com Maria (João 11:35). E imagine a *solidão que Jesus sentiu* quando foi rejeitado por seu povo, abandonado por seus discípulos, seu amigo íntimo. Isaías profetizou que Jesus seria *desprezado e rejeitado pelos homens; homem de dores e experimentado nos sofrimentos* (Isaías 53:3). Jesus, o Filho, a segunda pessoa da Trindade, teve as mesmas emoções humanas que Deus nos deu, e as expressou perfeitamente. A Bíblia diz que ele é capaz de *se compadecer das nossas fraquezas porque à nossa semelhança, foi tentado em todas as coisas, porém sem pecado* (Hebreus 4:15).

De todas as emoções, a alegria talvez seja a maior e mais desejada. E nada dá a Deus maior alegria do que ter um relacionamento com cada um de nós, que estávamos perdidos e fomos levados a Deus por meio de Cristo. Jesus disse: *Eu vos digo que assim há alegria na presença dos anjos de Deus por um pecador que se arrepende* (Lucas 15:10). Então, quando entrarmos na eternidade com Deus, com emoções perfeitamente transformadas, Jesus disse que ouvirá o Pai convidar: *Participa da alegria do teu senhor* (Mateus 25:23). E por toda a eternidade poderemos experimentar as emoções do nosso criador da forma que ele planejou que as experimentássemos.

# 35

## Deus ama a todos independentemente da orientação sexual?

Não faz muito tempo, os meios de comunicação publicaram a foto de um homem e um jovem protestando em Tulsa, Oklahoma. O jovem segurava um cartaz com os dizeres: "Deus odeia os homossexuais". Esse grupo específico da igreja acredita que Deus odeia os *gays* acima de todos os tipos de pecadores e que a homossexualidade deveria ser um crime mortal. Em seu *site*, eles afirmam que toda tragédia no mundo está ligada à homossexualidade, especificamente ao aumento da tolerância da sociedade e à aceitação desse estilo de vida como legítimo.

O ressentimento nutrido por esse grupo eclesiástico não é um problema apenas para esses poucos piqueteiros. David Kinnaman, em seu livro *UnChristian*, sugere que, infelizmente, mais de nove entre dez observadores veem todos os cristãos como anti-homossexuais.

E Deus, o que pensa sobre os homossexuais? Ele os ama tanto quanto ama aos heterossexuais, ou Deus realmente odeia os *gays*?

Primeiro, vejamos como Jesus encarava os pecados. Um líder religioso altamente respeitado (um fariseu judeu) aproximou-se de Jesus na tentativa de descobrir quem ele realmente era. A primeira coisa que Jesus disse ao homem foi que ele precisava "nascer de novo" e que Deus havia mandado seu Filho *não para que julgasse o mundo, mas que o mundo fosse salvo por meio dele* [Jesus] (João 3:17).

Jesus continuou a esclarecer o assunto sobre o pecado e os pecadores. Disse que não haveria julgamento contra os pecadores que nele cressem. Mas os pecadores que se recusassem a crer que ele era o meio de Deus prover perdão seriam julgados. Jesus explicou que ele era a luz de Deus, ou a salvação, porque *todo aquele que pratica o mal odeia a luz e não vem para a luz, para que as suas obras não sejam expostas. Mas quem pratica a verdade vem para a luz, a fim de que se manifeste que suas obras são feitas em Deus* (João 3:20,21).

Parece que o tipo de pecado cometido não importava para Jesus, desde que o pecador voltasse as costas para o pecado (ou seja, que se arrependesse) e colocasse a confiança e a esperança em Cristo. Na verdade, os únicos pecados que ele considerava imperdoáveis eram os não confessados. Isso não quer dizer que alguns pecados não são piores que os outros. Jesus disse a Pilatos que *aquele que me entregou a ti incorre em pecado maior* (João 19:11). Ele também ensinou: *A quem muito é dado, muito será exigido; e a quem muito se confia, mais ainda se pedirá* (Lucas 12:48). Punições e recompensas podem não ser iguais — alguns pecados *são* piores que outros —, porém o perdão de Deus está franqueado igualmente a todos que o buscam.

O apóstolo Paulo listou inúmeros pecados — incluindo imoralidade sexual de todos os tipos — que precisavam do perdão de Deus (veja Romanos 1:24-27; 1Coríntios 6:9,10; Gálatas 5:19-21; Colossenses 3:5,6). Mas não parece que ele ou os outros escritores do Novo Testamento tenham selecionado a homossexualidade como o mais vil dos pecados. O julgamento de Deus está reservado, ao contrário, a todos os que não colocam sua confiança em Cristo como sacrifício por seus pecados.⁴⁹ Então, como devemos tratar os pecadores e, mais especificamente, os homossexuais?

• • • • •

Há alguns anos, eu (Sean) fui aos Jogos Olímpicos com um grupo cristão. Certa ocasião, eu estava trabalhando numa banca onde se vendiam camisetas com estampas de orientação cristã. Um homem usando uma camiseta cheia de bandeiras de arco-íris se aproximou da minha barraca. Perguntei sobre as bandeiras e que países elas representavam.

— Ah, é apenas uma coisa excêntrica — ele respondeu. — Sabe, eu sou *gay*.

Educadamente, perguntei-lhe se as pessoas o ridicularizavam pelo fato de ser *gay*. Ele respondeu imediatamente:

— Ah, sim, recebo declarações humilhantes lançadas contra mim o tempo todo.

Olhei direto em seus olhos e pude ver um homem que havia sido magoado e humilhado pelo sarcasmo e pela zombaria dos outros. Senti compaixão por ele e disse:

— Lamento muito que as pessoas o tenham tratado dessa forma. Não está certo.

Ele me agradeceu repetidas vezes. De fato, ele perguntou se podia tirar uma foto de nós dois juntos. Disse que eu era a pessoa mais gentil que ele havia encontrado em todos os Jogos Olímpicos.

As pessoas, não importa qual seja sua orientação sexual, são amadas por Deus, e nós, como seus representantes, devemos amá-las também. A mensagem de Jesus é a mesma a todos os pecadores, incluindo nós mesmos: *Eu sou a ressurreição e a vida; quem crê em mim, mesmo que morra, viverá; e todo aquele que vive, e crê em mim, jamais morrerá* (João 11:25,26).

---

⁴⁹ Veja "Por que Jesus precisou morrer?", p. 175.

# 36

## Deus se envolve em política?

Uma pesquisa conduzida pelo Instituto Gallup em 2010 constatou que um em cada cinco norte-americanos acredita que "Deus está ativamente envolvido na vida diária do mundo e tem uma visão econômica conservadora que se opõe às normas do governo e defende o livre mercado".[50] Então, Deus é a favor de um governo reduzido, de impostos mais baixos e de uma economia de livre mercado? Deus é democrata, republicano, socialista ou o quê? Deus se filia a partidos políticos ou se envolve em programas partidários?

### A questão do reino

Se alguma vez Deus se envolver em política, isso aconteceu no século 1. O povo judeu havia sofrido muitos anos sob o regime de outros governos, em alguns casos tendo sido até mesmo escravizado. Durante séculos eles haviam esperado por seu Messias, o Cristo que tiraria sua nação da tirania e a conduziria para um novo reino de justiça e glória.

Quando Jesus entrou em cena, seus discípulos pensaram que havia chegado o tempo em que seu Messias reuniria um exército, derrotaria os opressores romanos e estabeleceria um novo reino de prosperidade e liberdade. Como se sabe, as esperanças por um reino

---

[50] Como citado em GROSSMAN, Cathy Lynn. "Baylor Religion Survey Reveals Many See God Steering Economy", *Usa Today*, 20 de setembro de 2011.

terreno foram frustradas com a morte do seu líder. O que é claro é que os seguidores de Jesus entenderam mal o envolvimento de Deus com política.

Quando Jesus foi levado à presença de Pôncio Pilatos, governador romano, este também tentou obter algum esclarecimento sobre o ponto de vista do prisioneiro e de suas ambições. E Pilatos lhe perguntou se ele era o rei dos judeus.

*Jesus respondeu: O meu reino não é deste mundo. Se o meu reino fosse deste mundo, os meus servos lutariam para que eu não fosse entregue aos judeus. Entretanto, o meu reino não é daqui* (João 18:36). Parece que o Senhor do universo não considera este mundo seu reino. Então, o que ele quis dizer com *o meu reino não é deste mundo*?

## Onde está o conflito

O tipo de reino e de política de Jesus não consistia em derrubar o Império Romano. Sua oposição não era ao Império Romano ou mesmo aos líderes judeus. Sua oposição era a Lúcifer, seu arqui-inimigo. Por meio da escolha dos primeiros seres humanos de pecarem e de se rebelar contra Deus, Satanás obteve controle das coisas antes que o reino deste mundo pudesse se tornar o reino de Deus. O discípulo João confirmou: *Sabemos que somos de Deus e que o mundo inteiro jaz no Maligno* (1João 5:19). Existem agora dois reinos com duas cosmovisões bastante diferentes — o reino deste mundo, que tem Satanás como seu rei, e o reino do céu, que tem Deus como seu rei. Isso significa que estamos vivenciando atualmente um conflito entre esses dois reinos.

O conflito não é realmente de natureza política, como Pilatos presumiu. A luta nem sequer é cultural. O principal inimigo não é uma pessoa ímpia, um regime perverso ou uma ideologia política. Essa guerra é entre Deus e Satanás. A nossa luta não é contra pessoas, mas *contra os príncipes deste mundo de trevas, contra os exércitos espirituais da maldade nas regiões celestiais* (Efésios 6:12).

### No que Deus está interessado

Mas isso significa que Deus não está envolvido ou interessado nos assuntos deste mundo? De modo nenhum. Jesus disse que devíamos dar *a César o que é de César* (Mateus 22:21). Devemos orar pelos líderes do governo (1Timóteo 2:1,2) e honrá-los (1Pedro 2:13-17). Mas o objetivo de Deus não é reformar os reinos deste mundo por meio de um programa político. Seu plano é vencer Satanás, dar um fim ao sofrimento e à morte, recriar os céus e a terra e estabelecer um reino eterno com todos os que nele confiaram.

Acrescentemos que isso não significa que nós, cristãos, não devamos nos envolver na busca por uma saudável mudança social e econômica em nossas comunidades, cidades, país e nas nações no mundo todo. E há princípios bíblicos que podem ser aplicados a estruturas governamentais e econômicas. Jesus disse que seus seguidores devem ser fundamentalmente *sal da terra* [...] *luz do mundo* [...] *diante dos homens, para que vejam as vossas boas obras e glorifiquem vosso Pai, que está no céu* (Mateus 5:13,14,16).

Uma expressão usada com frequência para descrever o coração de Jesus era "movido por compaixão". Ao ver o cego, o leproso, o enfermo, o faminto, Jesus foi "movido por compaixão". Na essência, a cosmovisão de Jesus representa um foco em cuidar dos outros espiritual, física, econômica, social e relacionalmente — em todos os sentidos. Esse tipo de compaixão para com os outros é uma mensagem radical agora e certamente também foi durante o tempo de Jesus.

Deus pode não se alinhar a um partido político, mas sua missão é redimir seus filhos perdidos presos pelo pecado e acabar restaurando toda a criação ao seu projeto original. E, como "sal e luz", seus seguidores não devem apenas amar a Deus com todo o seu ser, mas ao próximo como a si mesmos. E é evidente, mesmo desde o começo da igreja primitiva, como a mudança social e política resultaram do fato de os seguidores de Cristo propagarem a cosmovisão de Jesus.

## Respostas surpreendentes sobre **DEUS**

Os fiéis seguidores de Cristo devem ser os melhores cidadãos deste mundo, embora não façam parte dele. Jesus fez esta distinção quando orou para que seus seguidores estivessem no mundo — mas não fossem do mundo — *pois não são do mundo, assim como eu também não sou* (João 17:14). Os que vivem uma cosmovisão bíblica — a cosmovisão de Jesus — fazem do reino de Deus a primazia em sua vida e além disso se tornam uma poderosa força para o bem neste mundo presente.

# 37

## Como podemos conhecer a vontade de Deus em nossa vida?

Uma das perguntas mais comuns hoje entre os jovens e os adultos diz respeito a conhecer a vontade de Deus. Durante anos, eu (Sean) pensei que a vontade de Deus estava oculta, e era tarefa minha tentar descobri-la — como se eu tivesse de sair à caça de um tesouro. Mas as coisas não são assim. Deus praticamente expôs a sua vontade para que todos vejam. E, quando conhecemos as grandes áreas que formam sua vontade, podemos compreender mais facilmente como tomar decisões sábias nos detalhes de nossa vida, tais como comprar um carro, adquirir uma casa, ir à faculdade, encontrar o emprego ideal, casar com a pessoa certa etc.

As Escrituras nos revelam muito da vontade de Deus. Vejamos alguns exemplos.

***A vontade de Deus é que as pessoas venham a conhecê-lo e amá-lo.*** Jesus orou ao Pai, dizendo: *E a vida eterna é esta: que conheçam a ti, o único Deus verdadeiro, e a Jesus Cristo, que enviaste* (João 17:3). O apóstolo Paulo assegurou que Deus *deseja que todos os homens sejam salvos e cheguem ao pleno conhecimento da verdade* (1Timóteo 2:4). O discípulo Pedro nos disse que Deus *não quer que ninguém pereça, mas que todos venham a se arrepender* (2Pedro 3:9). Assim, a vontade de Deus é que as pessoas confiem em Cristo para alcançar um relacionamento com Deus e receber o dom da vida eterna.

**A vontade de Deus é que seus seguidores falem aos outros sobre a salvação em Cristo.** Jesus ordenou a seus seguidores: *Ide, fazei discípulos de todas as nações* (Mateus 28:19). E continuou: *E sereis minhas testemunhas* (Atos 1:8). Paulo disse que Deus *nos encarregou da mensagem da reconciliação. Portanto, somos embaixadores de Cristo* (2Coríntios 5:19,20). É a vontade de Deus que nos tornemos o que Jesus chamou de *sal da terra* e *luz do mundo* para que outros saibam que ele é o caminho para Deus (veja Mateus 5:13-16).

**A vontade de Deus é que as pessoas sejam como Cristo e tenham uma vida pura.** As Escrituras dizem que Deus *conheceu* [seus seguidores] *por antecipação,* [e] *também os predestinou para serem conformes à imagem de seu Filho* (Romanos 8:29). *Nele fostes instruídos* [...] *a vos renovar no espírito da vossa mente, e a vos revestir do novo homem, criado segundo Deus em verdadeira justiça e santidade* (Efésios 4:22-24).

É a vontade de Deus que nos tornemos conformes à imagem de Cristo e tenhamos vida pura. A Bíblia diz: *A vontade de Deus para vós é esta: a vossa santificação; por isso afastai-vos da imoralidade sexual. Cada um de vós saiba manter o próprio corpo em santidade e honra* (1Tessalonicenses 4:3,4). A imoralidade sexual é rotina hoje em dia, mas a vontade de Deus é que as pessoas solteiras permaneçam puras até o casamento e que as casadas permaneçam sexualmente fiéis a seu cônjuge.

**A vontade de Deus é que nos amemos uns aos outros.** Jesus disse que as Escrituras dependem disto: *Amarás o Senhor teu Deus de todo o coração, de toda a alma e de todo o entendimento. Este é o maior e o primeiro mandamento. E o segundo, semelhante a este, é: Amarás o teu próximo como a ti mesmo* (Mateus 22:37-39). Pouco antes de ser crucificado, ele declarou aos discípulos: *Eu vos dou um novo mandamento: que vos ameis uns aos outros; assim como eu vos amei, que também vos ameis uns* *aos outros. Nisto todos saberão que sois meus discípulos, se vos amardes uns aos outros* (João 13:34,35).

É a vontade de Deus que o amemos com todo o nosso ser — tornando-o nossa prioridade — e vivamos esse amor amando outras pessoas. E amar os outros inclui coisas como aceitar uns aos outros (Romanos 15:7), perdoar uns aos outros (Efésios 4:32), ser paciente uns com os outros (Efésios 4:2), viver em harmonia mútua (Romanos 12:16), servir (Gálatas 5:13), submeter-se (Efésios 5:21), confortar uns aos outros (2Coríntios 1:4), e assim por diante.

● ● ● ● ●

Essas são algumas áreas importantes nas quais as Escrituras revelam qual é a vontade de Deus. Mas como saber mais especificamente como ele nos está dirigindo para fazer isto ou aquilo na vida? Primeiro, devemos ter certeza de que estamos fazendo tudo o que podemos para seguir a "vontade de Deus" nas áreas mais importantes da nossa vida. Então temos liberdade para fazer escolhas — escolhas que têm consequências. Se fizermos escolhas sábias, experimentaremos boas consequências. Se fizermos escolhas imprudentes, sofreremos consequências negativas. Mas, novamente, decisões como que faculdade frequentar, com quem namorar ou casar, que carro ou casa comprar, que emprego aceitar etc., não são escolhas morais certas ou erradas. Deus nos dá a liberdade de tomar essas decisões e quer que façamos escolhas sensatas nesses quesitos.

Para fazer escolhas sensatas em nossa vida, é bom contar com pelo menos cinco fontes:

1. *Recorrer a Deus em oração* (Tiago 1:5). A pessoa prudente busca a sabedoria de Deus para saber se uma decisão transgride de alguma forma sua vontade moral.

2. *Buscar orientação nas Escrituras* (2Timóteo 3:16). A pessoa prudente busca orientação na Palavra de Deus a fim de encontrar força e percepção para continuamente buscar Deus e o seu reino em primeiro lugar.
3. *Ponderar* (Provérbios 18:13). Reúna os fatos. É sábio fazer uma lista dos pontos favoráveis e contrários para obter direção antes de tomar uma decisão.
4. *Buscar conselho cristão dos outros* (Provérbios 15:22). Há grande sabedoria no conselho de muitos.
5. *Permitir que as experiências da vida* nos ensinem (Salmos 90:12). Pode-se aprender muito com experiências passadas. A pessoa sábia não comete o mesmo erro duas vezes.

A vontade de Deus não envolve tanto o que você faz, mas *quem você é*. Se você procurar conhecê-lo, colocá-lo em primeiro lugar em sua vida, amar os outros, ter uma vida pura semelhante à de Cristo, falar a respeito dele aos outros, você aumentará as probabilidades de tomar decisões sábias em sua vida.

# 38

## Jesus realmente alegou ser Deus?

Críticos como o ateu Richard Dawkins dizem que foi o excesso de zelo dos seguidores de Jesus que o tornaram uma divindade. Dawkins escreve: "Não existe evidência histórica de que Jesus tenha ao menos acreditado ser divino".[51] Esses críticos também apontam para o fato de que Jesus se referiu a si mesmo como o "Filho do homem", e não como "Filho de Deus". Isso, segundo eles, prova que Jesus se considerava um ser humano, não uma divindade. Isso é verdade? Jesus realmente nunca alegou ser o Filho de Deus?

### O significado de "Filho do homem"

É verdade que Jesus se referiu a si mesmo inúmeras vezes como o "Filho do homem", mas isso estava longe de admitir ser apenas mais um ser humano na terra. O emprego da expressão "Filho do homem" pode ser rastreado até o livro de Daniel. E, quando Daniel descreveu o "filho de homem" numa visão, a expressão está longe de ser uma referência a um homem comum. Daniel profetizou que viu *alguém parecido com filho de homem [vindo] nas nuvens do céu [...] e foi-lhe dado domínio, e glória, e um reino [...] o seu domínio é um domínio eterno, que não passará, e o seu reino é tal que não será destruído* (Daniel 7:13,14). Essa não é a descrição de um simples mortal.

---

[51] DAWKINS, Richard. *The God Delusion*, p. 117.

O "filho de homem" de Daniel faz clara referência a uma figura divina — o Senhor soberano cujo reino é eterno. Alguém alegar ser o Filho do homem equivaleria, de fato, a alegar ser divino. E foi exatamente isso o que Jesus fez.

## As afirmações de Jesus

Jesus também deixou claro que era Deus, e essa afirmação não passou despercebida aos líderes religiosos da época. De fato, foi exatamente o motivo pelo qual tentaram desacreditá-lo e, por fim, acabou sendo a razão para tramarem vê-lo morto: *Por isso, os judeus procuravam ainda mais matá-lo, não só porque infringia o sábado, mas também porque dizia que Deus era seu Pai, fazendo-se igual a Deus* (João 5:18). Jesus continuou afirmando: *Em verdade, em verdade vos digo que virá a hora, e já chegou, em que os mortos ouvirão a voz do Filho de Deus, e os que a ouvirem viverão* (João 5:25). Jesus deixou muito claro quem ele era.

Em mais de uma ocasião, a clara afirmação de Jesus quanto à própria divindade fez que seus companheiros judeus tentassem apedrejá-lo. Certa vez, Jesus disse aos líderes judeus: *Abraão, vosso pai, regozijou-se por ver o meu dia; ele o viu e alegrou-se.* Seus ouvintes ficaram indignados e retrucaram: *Ainda não tens cinquenta anos e viste Abraão? Jesus lhes respondeu: Em verdade, em verdade vos digo que, antes que Abraão existisse, Eu sou. Diante dessa afirmação, eles pegaram em pedras para apedrejá-lo; mas Jesus se escondeu e saiu da área do templo* (João 8:56-59). Em outra ocasião, quando Jesus disse que era um com o Pai, os líderes judeus novamente pegaram em pedras para matá-lo (veja João 10:30-31). Quando Jesus perguntou por que eles queriam matá-lo, a resposta foi: ... *por blasfêmia, pois sendo tu apenas um homem, te fazes Deus* (João 10:33).

Ao afirmar ser Deus, Jesus demonstrou também sua autoridade para perdoar pecados. Ele disse a um paralítico: *Filho, os teus pecados estão perdoados* e, novamente, os líderes religiosos reagiram com indignação. *Por que esse homem fala dessa maneira? Ele está blasfemando! Quem pode perdoar pecados senão um só, que é Deus?* (Marcos 2:5-7).

Nas horas finais antes de sua morte, Jesus deixou claro — até para o Sinédrio (o alto conselho judeu) — exatamente quem ele era: *E o sumo sacerdote voltou a interrogá-lo, perguntando-lhe: Tu és o Cristo, o Filho do Deus bendito? Jesus respondeu: Eu sou [...] Então o sumo sacerdote rasgou suas vestes e disse [...] Acabais de ouvir a blasfêmia [...] e todos o condenaram como réu digno de morte* (Marcos 14:61-64).

● ● ● ● ●

Tudo o que Jesus disse e fez confirmou sua afirmação e reivindicação de ser Deus na carne.[52]

> *No princípio era o Verbo, e o Verbo estava com Deus, e o Verbo era Deus [...] E o Verbo se fez carne e habitou entre nós, pleno de graça e de verdade; e vimos a sua glória, como a glória do unigênito do Pai.* (João 1:1,14)

---

[52] Para um tratamento mais extenso sobre a alegação de Jesus de ser Deus e as evidências históricas que apoiam essa afirmação, veja *Is God just a human invention?*, cap. 18.

# 39

## Não é arrogância alegar que o cristianismo é a única religião verdadeira?

A maior crítica feita aos cristãos é que eles têm a arrogância de dizer que o cristianismo é a única religião verdadeira e a única forma de obter a vida eterna. Essa visão parece irritantemente exclusiva e intolerante para a maioria das pessoas. Por consequência, grande parte dos que professam o cristianismo na América não alega mais que o cristianismo é exclusivo. Uma pesquisa do *Pew Forum* feita em 2008 entre os norte-americanos constatou que 65% de todos os cristãos professos afirmam existirem muitos caminhos para a vida eterna, e 80% dos que responderam à pesquisa citaram pelo menos uma religião não cristã que pode levar à salvação.[53]

### Quem está fazendo a alegação?

Então é arrogância um cristão hoje alegar ser o único a ter a verdadeira religião e o único ensino que leva à vida eterna? Isso pode causar surpresa a você, mas nós acreditamos que alguém alegar que tem a única e verdadeira religião de fato passa a impressão de arrogância.

---

[53] The Pew Forum on Religion and Public Life Washington DC Survey: "Many Americans Say Other Faiths Can Lead to Eternal Life", 18 de dezembro de 2008, como relatado em: http://pewforum.org/Many-Americans-Say-Other-Faiths-Can-Lead-to-Eternal-Life.aspx.

Seria arrogância alguém fazer tal reivindicação exclusiva, a menos que essa pessoa fosse Deus. E a realidade é que Jesus, como Filho de Deus, de fato alegou ser a única forma de obter a vida eterna. E nós, como cristãos, podemos evitar a impressão de arrogância deixando claro que foi *ele* que fez a alegação de haver "um só caminho — uma só verdade".

A maioria dos líderes religiosos do tempo de Jesus também pensou ser arrogante dizer o que ele disse a respeito de si mesmo. Jesus alegou ser o Filho de Deus que existia eternamente, capaz de perdoar o pecado e dar a vida eterna.[54] E Jesus não teria sido apenas arrogante, mas um impostor ao fazer uma afirmação tão bizarra de exclusividade se não fosse Deus — mas ele era. E ele deu muitas evidências para comprovar sua afirmação.

Jesus cumpriu profecias sobre o Escolhido de Deus (o Messias), nasceu de uma virgem e realizou muitos milagres antes de realmente ter dito: *eu sou a ressurreição e a vida; quem crê em mim, mesmo que morra, viverá; e todo aquele que vive, e crê em mim, jamais morrerá* (João 11:25,26). Ele podia fazer essa afirmação aparentemente arrogante porque era o único Filho de Deus, que podia confirmar de fato essa filiação. Leia estas palavras dele: *Se não crerdes que Eu sou, morrereis em vossos pecados* (João 8:24). *Eu sou o caminho, a verdade e a vida; ninguém chega ao Pai, a não ser por mim* (João 14:6).

Foi Jesus quem fez afirmação exclusiva de ser o único caminho para Deus — e por uma boa razão. Ninguém mais tinha as qualificações que um Deus santo e justo aceitaria. Os seguidores de Cristo precisam ter cuidado para não afirmar que *eles* têm o monopólio da verdade ou detêm a única verdadeira religião. Ao contrário, *Jesus* é o caminho, a verdade e a vida — seus seguidores estão apenas compartilhando a mensagem *dele*. Assim, como cristãos, precisamos apontar na direção dele como o único caminho para a vida eterna. Nossa

---

[54] Veja "Jesus realmente alegou ser Deus?", p. 149.

tarefa é espalhar as boas-novas a respeito dele. E somos sensatos em compartilhar essa notícia entusiasticamente, mas com humildade.

● ● ● ● ●

É claro que as pessoas podem ser arrogantes a respeito da verdade e estar certas. Elas podem ser arrogantes a respeito da verdade e estar erradas; podem ser humildes e estar certas; e podem ser humildes e estar erradas. O importante para nós, como cristãos, não é quem vence a discussão sobre quem está certo ou errado. Esse não é o ponto. O importante é convidarmos as pessoas a considerarem Jesus por quem ele é e por aquilo que ele tem para lhes oferecer. E não precisamos ficar tímidos em mostrar a nossa fé de que ele é o único caminho. Podemos dizer como Paulo:

> *Porque não me envergonho do evangelho, pois é o poder de Deus para a salvação de todo aquele que crê; primeiro do judeu e também do grego. Pois a justiça de Deus se revela no evangelho.* (Romanos 1:16, 17)

## 40

## Como sabemos que Jesus de fato existiu?

Nos últimos anos, algumas pessoas têm questionado a real existência de Jesus. Alguns alegam que a ideia de um Salvador foi inventada por certas pessoas e que isso acabou se tornando uma religião.

O problema com esse pensamento é que simplesmente existem muitos textos bíblicos e extrabíblicos confirmando a existência da pessoa que conhecemos como Jesus Cristo, que viveu e morreu no século 1.

**Uma ideia indefensável**

Primeiro, é absurdo crer que no século 1 milhares de pessoas se dedicariam a uma pessoa que nunca existiu. Por volta do ano 100 d.C., cerca de 65 anos após Jesus ter estado na terra, havia algo em torno de 25 mil pessoas que se autodenominavam cristãs — em homenagem ao Cristo em quem elas creram. Muitos desses seguidores de Cristo foram perseguidos não apenas pelo governo, mas pela família e por amigos. Alguns chegaram a dar a vida como mártires por essa pessoa. Será que tantas pessoas fariam isso por alguém que nunca viveu? E em duzentos anos (300 d.C.) o grupo de fiéis seguidores de Jesus aumentou para mais de 20 milhões.⁵⁵ É inconcebível que um número tão grande de seguidores tivesse sobrevivido se houvesse se baseado num Cristo fantasma.

## As evidências do Novo Testamento

Claro que temos também as evidências confiáveis do Novo Testamento, que registram a vida e os ensinos de Jesus. Pedro, um dos discípulos, escreveu uma carta no início da década de 60, pouco antes de seu martírio sob o imperador Nero em 64 ou 65 d.C. Ele escreve:

> *Porque não seguimos fábulas engenhosas quando vos fizemos conhecer o poder e a vinda de nosso Senhor Jesus Cristo, pois fomos testemunhas oculares da sua majestade. Porque ele recebeu honra e glória de Deus Pai.* (2Pedro 1:16,17)

Pedro estava se referindo ao momento em que esteve presente no monte da Transfiguração, quando Jesus recebeu a visita de Moisés e Elias. Ele estava confirmando a existência de Jesus na qualidade de testemunha ocular. Temos treze cartas de Paulo, quatro Evangelhos, o livro de Atos e outros livros do Novo Testamento que atestam a historicidade de Jesus. Muitos dos escritores do Novo Testamento escreveram no período de uma geração contemporânea de Jesus formada por testemunhas oculares ou pessoas que conheceram testemunhas oculares dos relatos de Jesus.

## Evidências de outras fontes

No entanto, além dos relatos do Novo Testamento, existem os escritores "seculares" — os escritos extrabíblicos que ratificam que Jesus Cristo de fato viveu. Por exemplo, o historiador Josefo escreveu *Antiguidades judaicas* em 93 d.C. No livro 18, parágrafo 3, ele escreve:

---

⁵⁵ Estatísticas obtidas de Hirsh, Alan. *The Forgotten Ways*. Grand Rapids: Brazos, 2006, p. 18.

> No tempo em que viveu Jesus, um homem sábio, se de fato deve-se chamá-lo de homem [...]. Ele foi o Messias. Quando Pilatos, ao ouvir ser acusado por homens da mais alta posição entre nós, o condenou a ser crucificado, aqueles que primeiramente o amaram não desistiram de sua afeição por ele.[56]

Josefo também fez referência a "Tiago, o irmão de Jesus, que foi chamado de o Cristo".[57]

Plínio, o Jovem, foi um dos maiores escritores de cartas do mundo. Dez volumes de sua correspondência sobreviveram até o presente. Ele escreveu ao imperador Trajano a respeito dos cristãos de sua província no ano 112 d.C., revelando como um não cristão via o cristianismo. Ele escreve sobre os seguidores de Cristo, que "tinham o costume de se reunirem num determinado dia fixo da semana antes do amanhecer, quando cantavam em versos alternados um hino a Cristo, como a um Deus".[58]

Cornélio Tácito, nascido por volta de 56 d.C., tornou-se senador romano e é considerado o mais confiável dos antigos historiadores. Em seus *Anais* de 116 d.C., ele faz declarações sobre a morte de Cristo como um fato histórico.[59]

E muitos outros,[60] como Suetônio, outro historiador romano (120 d.C.); Luciano de Samósata, escritor satírico (170 d.C.); e Marabar-Serapion, filósofo estoico (70 d.C.), confirmaram na história escrita que Jesus de Nazaré viveu e morreu.[61]

---

[56] McDowell, Josh; Wilson, Bill. *Evidence for the Historical Jesus*. Eugene: Harvest, 2011, p. 38.
[57] Ibidem, p. 36.
[58] Ibidem, p. 44.
[59] Ibidem, p. 47.
[60] Para um argumento mais amplo e convincente em relação à vida e às afirmações de Jesus, veja *Evidence for the Historical Jesus*.
[61] McDowell, Josh; Wilson, Bill. *Evidence for the Historical Jesus*, p. 49-51.

# 41

## Como Jesus respaldou sua alegação de ser Deus?

Jesus afirmou ser o Filho de Deus e o único caminho para Deus. E ele não estava sendo arrogante a respeito disso.[62] Mas Jesus realmente deu provas de que era Deus? Como ele respaldou essa reivindicação à divindade?

Os discípulos de Jesus estavam tendo um pouco de dificuldade para compreender exatamente quem era seu mestre e do que ele era capaz. Por isso, ele declarou: *Crede em mim; eu estou no Pai e ele está em mim; crede ao menos por causa das mesmas obras* (João 14:11). Aqui Jesus estava apelando tanto para o seu ensino confiável sobre o reino de Deus quanto para seus muitos milagres, com o objetivo de comprovar e ratificar que ele era de fato Deus na forma humana. Com relação aos milagres, ele estava na verdade dizendo: "Vocês estão achando difícil crer que eu sou Deus na carne — bem, vejam como eu, criador de todas as coisas, tenho domínio total das forças do universo — da água, do corpo humano, da gravidade, da vida e da morte".

Preste atenção nestas palavras:

> *Mas o testemunho que eu tenho é maior que o de João; porque as obras que o Pai me concedeu realizar, essas mesmas obras*

---

[62] Veja "Jesus realmente alegou ser Deus?", p. 149.

> *que realizo, dão testemunho de que o Pai me enviou. [...] As obras que eu faço em nome de meu Pai dão testemunho de mim.* (João 5:36; 10:25)

Os milagres de Jesus tornaram-se provas verossímeis de que ele era quem alegava ser. Por isso, vejamos alguns milagres que ele realizou.

Mas, primeiro, o que realmente é um milagre? O milagre pode ser definido como uma intervenção religiosamente significativa de Deus no sistema de causas naturais. Algumas pessoas afirmam que milagres não podem ocorrer por ser impossível violar as leis da natureza. Mas os que fazem essa contestação presumem que nada existe fora da natureza. Eles acreditam que vivemos num sistema fechado.

Entretanto, se Deus existe como criador do universo, então existe fora das leis da natureza que ele mesmo criou. Ele pode, dessa forma, entrar em sua criação e intervir quando quiser. E ele o faz. Deus entrou na esfera da humanidade assumindo a forma humana na pessoa de Jesus. E, para nos dar evidência de que era Deus, Jesus realizou milagres.

Eis alguns exemplos do seu poder de realizar milagres registrados no Novo Testamento, que documenta que ele era capaz de:

- Acalmar uma tempestade (veja Mateus 8)
- Fazer um mudo falar (veja Mateus 9)
- Alimentar 5 mil pessoas com cinco pães e dois peixes (veja Mateus 14)
- Expulsar demônios (veja Marcos 5)
- Andar sobre as águas (veja Marcos 6 )
- Dar vista a um cego (veja Marcos 10)
- Fazer uma figueira murchar ao amaldiçoá-la (veja Marcos 11)
- Predizer o futuro (veja Marcos 14)
- Curar um paralítico (veja Lucas 5)

## Respostas surpreendentes sobre **DEUS**

- Ressuscitar um menino (veja Lucas 7)
- Curar uma hemorragia incurável (veja Lucas 8)
- Purificar leprosos (veja Lucas 17)
- Transformar água em vinho (veja João 2)
- Fazer um coxo andar (veja João 5)
- Perdoar pecados (veja João 8)
- Ressuscitar um homem (veja João 11)

Jesus não foi simplesmente um grande mestre. Foi o Filho do Deus vivo, e seus milagres ressaltam essa verdade.

# 42

## Quais provas existem de que Jesus foi o Messias?

Deus prometeu à nação de Israel que levantaria um descendente do rei Davi que estabeleceria um trono para sempre (veja 2Samuel 7:11-16). A palavra hebraica *Messias*, equivalente a *Cristo* em grego, significa "ungido". E essa pessoa iria proclamar o reino eterno de Deus na terra.

Mais de quatrocentos anos antes de Jesus nascer, existiam mais de sessenta importantes profecias no Antigo Testamento sobre a vinda do Messias, feitas havia centenas de anos. Isso é de grande significado histórico e espiritual, porque o Messias profetizado por Isaías um dia

> *Neste monte ele destruirá o manto que cobre todos os povos e o véu que está sobre todas as nações. Aniquilará a morte para sempre, e assim o Senhor Deus enxugará as lágrimas de todos os rostos e tirará de toda a terra a humilhação do seu povo; porque o Senhor o disse.* (Isaías 25:7,8)

### A evidência da profecia

Claro que Jesus afirmou ser o "ungido". Mas as profecias do Antigo Testamento confirmam que ele de fato foi o Messias? A resposta é *sim*.

É como se Deus nos tivesse dado uma forma específica de reconhecer quem seria o "ungido", por meio de profecias *messiânicas*.

Parece impossível, mas, por causa dessas profecias, entre bilhões de pessoas nascidas ao longo de milhares de anos, somos capazes de identificar uma pessoa na história como o Messias. É como se Deus tivesse uma resposta esperando por nós quando perguntássemos: "Como saberemos quem é o Messias?" Imagine nós conversando com Deus enquanto ele usa essas profecias para detalhar exatamente quem seria esse Messias.

Deus começa dizendo:

— Vocês saberão que ele é o Messias porque eu o farei nascer como israelita, um descendente de Abraão (Gênesis 22:18; Gálatas 3:16).

— Mas Deus — nós protestamos — os descendentes de Abraão serão muitos!

— Então eu vou reduzir para a metade da linhagem de Abraão e fazê-lo descendente de Isaque, não de Ismael (Gênesis 21:12; Lucas 3:23-34).

— Isso ajuda, mas ainda não é uma quantidade muito grande de pessoas?

— Deixemos que ele nasça da linhagem de Jacó, eliminando assim metade da linhagem de Isaque (Números 24:17; Lucas 3:23-34).

— Mas...

— Vou ser mais específico. Jacó terá doze filhos; farei que o Messias nasça da tribo de Judá (Gênesis 49:10; Lucas 3:23-33).

— Ainda não é muita gente? De novo, talvez não o reconheçamos quando ele chegar.

— Não se preocupem! Procurem por ele na descendência de Jessé (Isaías 11:1; Lucas 3:23-32). E, da casa e linhagem de Davi, será o filho mais novo de Jessé (Jeremias 23:5; Lucas 3:23-31). E então eu lhes direi *onde* ele irá nascer: Belém, uma pequena cidade chamada Judá (Miqueias 5:2; Mateus 2:1).

— Mas como saberemos qual pessoa nascida ali será o Messias?

— Ele será precedido por um mensageiro que preparará o caminho e anunciará sua chegada (Isaías 40:3; Mateus 3:1,2). Ele começará seu ministério na Galileia (Isaías 9:1; Mateus 4:12-17) e ensinará por meio de parábolas (Salmos 78:2; Mateus 13:34, 35) e realizará muitos milagres (Isaías 35:5, 6; Mateus 9:35).

— Certo, isso ajuda muito.

— Ah — Deus responde —, deixarei a melhor dica agora. Ele entrará em Jerusalém montado num jumentinho (Zacarias 9:9; Mateus 21:2; Lucas 19:35-37), aparecerá repentina e vigorosamente no templo e com zelo limpará a casa (Salmos 69:9; Malaquias 3:1; João 2:15,16). Ora, em *um dia* eu cumprirei nada menos que 29 profecias específicas sobre ele ditas quinhentos anos antes! Preste atenção nisto:

1. Ele será traído por um amigo (Salmos 41:9; Mateus 26:49).
2. O preço de sua traição serão trinta moedas de prata (Zacarias 11:12; Mateus 26:15).
3. O dinheiro da traição será jogado ao chão do meu templo (Zacarias 11:13; Mateus 27:5).
4. O dinheiro de sua traição será usado para comprar o campo do oleiro (Zacarias 11:13; Mateus 27:7).
5. Ele será renegado e abandonado por seus discípulos (Zacarias 13:7; Marcos 14:50).
6. Ele será acusado por falsas testemunhas (Salmos 35:11; Mateus 26:59,60).
7. Ele ficará em silêncio perante seus acusadores (Isaías 53:7; Mateus 27:12).
8. Ele será magoado e ferido (Isaías 53:5; Mateus 27:26).
9. Ele será odiado sem motivo (Salmos 69:4; João 15:25).
10. Baterão e cuspirão nele (Isaías 50:6; Mateus 26:67).

11. Ele será zombado, ridicularizado e rejeitado (Isaías 53:3; Mateus 27:27-31).
12. Ele cairá de fraqueza (Salmos 109:24,25; Lucas 23:26).
13. Ele será insultado com palavras específicas (Salmos 22:6-8; Mateus 27:39-43).
14. Ao vê-lo, as pessoas balançarão a cabeça (Salmos 109:25; Mateus 27:39).
15. As pessoas olharão para ele (Salmos 22:17; Lucas 23:35).
16. Ele será executado entre pecadores (Isaías 53:12; Mateus 27:38).
17. Suas mãos e seus pés serão perfurados (Salmos 22:16; Lucas 23:33).
18. Ele orará por seus perseguidores (Isaías 53:12; Lucas 23:34).
19. Seus amigos e sua família ficarão de longe, observando-o (Salmos 38:11; Lucas 23:49).
20. Suas vestes serão divididas e dadas como prêmio no lançamento de sortes (Salmos 22:18; João 19:23,24).
21. Ele terá sede (Salmos 69:21; João 19:28).
22. Ser-lhe-ão dados vinagre e fel (Salmos 69:21; Mateus 27:34).
23. Ele se entregará a Deus (Salmos 31:5; Lucas 23:46).
24. Seus ossos não serão quebrados (Salmos 34:20; João 19:33).
25. Seu coração será rompido (Salmos 22:14; João 19:34).
26. Seu lado será perfurado (Zacarias 12:10; João 19:34).
27. As trevas cobrirão a terra ao meio-dia (Amós 8:9; Mateus 27:45).
28. Ele será enterrado no túmulo de um homem rico (Isaías 53:9; Mateus 27:57-60).
29. Ele entrará em Jerusalém como rei 483 anos após a declaração de Artaxerxes para reconstruir o templo (444 a.C.) (Daniel 9:24).[63]

---

[63] Para uma abordagem detalhada desta profecia, veja McDOWELL, Josh. *The New Evidence That Demands a Verdict*. Nashville: Thomas Nelson, 1999, p. 195-201.

— Como testemunho derradeiro, no terceiro dia após sua morte, ele ressuscitará dentre os mortos (Salmos 16:10; Atos 2:31), subirá ao céu (Salmos 68:18; Atos 1:9) e se sentará à minha direita com total majestade e autoridade (Salmos 110:1; Hebreus 1:3).

• • • • •

Como se pode ver, Deus foi às últimas consequências para identificar seu Filho Jesus como o Cristo — o Messias que daria sua vida por nós. E um dia, *quando todas as coisas lhe estiverem sujeitas, então o próprio Filho se sujeitará àquele que todas as coisas lhe sujeitou, para que Deus seja tudo em todos* (1Coríntios 15:28).

Podemos estar confiantes de que Jesus foi o Messias profetizado nas Escrituras. De fato, por haver sessenta importantes profecias no Antigo Testamento (com cerca de 270 ramificações adicionais) cumpridas em uma pessoa chamada Jesus, podemos estar mais do que confiantes. A probabilidade de todas essas profecias se cumprirem numa única pessoa por acaso é impressionantemente pequena.[64]

---

[64] Para saber mais sobre o fator de probabilidade e outros detalhes das profecias messiânicas, veja o capítulo 11 de *Mais que um carpinteiro*. São Paulo: Hagnos, 2012.

# 43

## Há provas de que Jesus nasceu de uma virgem?

Não é preciso saber muito sobre como nascem as crianças para saber que virgens não têm filhos permanecendo virgens. A reprodução humana requer que um óvulo (ovo) feminino seja fertilizado por um gameta (esperma) masculino para que a concepção humana aconteça. Simplesmente não há outra opção, a não ser por um milagre.

Os que não acreditam em milagres certamente recusam o nascimento virginal. De fato, Maria, mãe de Jesus, questionou a ideia quando o anjo Gabriel lhe anunciou. *Então Maria perguntou ao anjo: Como isso poderá acontecer, se não conheço na intimidade homem algum?* (Lucas 1:34). O anjo explicou que a concepção aconteceria pelo Espírito Santo: *O Espírito Santo virá sobre ti, e o poder do altíssimo te cobrirá com sua sombra; por isso aquele que nascerá será santo e será chamado Filho de Deus* (Lucas 1:35). O anjo reconheceu que tudo aquilo era milagroso e acrescentou: *Para Deus nada é impossível* (Lucas 1:37). Deus realiza milagres e, nesse caso, ele causou a gravidez de Maria.[65]

---

[65] Veja o trecho sobre milagres em "Como Jesus respaldou sua alegação de ser Deus?", p. 159.

## Um erro de tradução?

O profeta Isaías profetizou que Jesus nasceria de uma virgem sete séculos antes de o evento acontecer. Uma objeção que os críticos fazem é que o escritor do Novo Testamento "cita erroneamente" a palavra "virgem" de Isaías 7. A palavra hebraica empregada em Isaías 7:14 é *'almah*, que significa "mulher jovem". Todavia Mateus, o escritor do Evangelho, mencionando a tradução grega do Antigo Testamento, usou a palavra *parthenos*, que significa "virgem". Os críticos dizem que Mateus está torcendo o que Isaías disse.

A verdade é que a palavra hebraica *'almah* pode significar ou "mulher jovem" ou "virgem", embora exista uma palavra específica para *virgem* em hebraico. Entretanto, por causa do uso tradicional da palavra, os leitores do tempo de Isaías compreenderam que ele quis dizer que uma virgem conceberia. E é por isso que, mais de duzentos anos antes de Jesus nascer, os estudiosos judeus traduziram a palavra *'almah* por *virgem* ao verterem Isaías 7:14 para a Septuaginta. Mateus não estava torcendo as coisas, de forma alguma — ele estava citando a tradução grega, considerada exata tanto naquela época quanto agora na tradução de Isaías.

## Como as pessoas reagiram

A profecia fornece clara evidência de que Jesus nasceu de uma virgem. Observe como as Escrituras dizem que as pessoas de Nazaré, cidade onde Jesus morava, reagiu depois que ele começou seu ministério público. Certa ocasião, após Jesus ter ensinado na sinagoga, as pessoas com quem ele havia crescido disseram: *Este não é o carpinteiro, filho de Maria [...] E escandalizavam-se por causa dele* (Marcos 6:3). O rótulo "filho de Maria" era um claro insulto numa sociedade que chamava os filhos pelo nome de seus pais — exceto, é claro, no caso de filhos cuja paternidade era duvidosa.

Em outra ocasião, os adversários de Jesus lançaram uma farpa contra ele quando responderam: *Não somos filhos de prostituição* (Jo 8:41).

O insulto e a referência a Jesus como o "filho de Maria" e a referência a "filhos de prostituição" indicam que era de conhecimento comum na cidade de Jesus que ele havia sido concebido antes do casamento de Maria — e sem a participação de José. Em outras palavras, parece provável que as circunstâncias do nascimento milagroso de Jesus, concebido por uma virgem, o tenha feito ser rotulado como filho ilegítimo.

Além disso, quando Maria engravidou, por que ela teria insistido que era virgem? Ela sabia que tal história certamente seria espantosa demais para ser considerada; por que ela não surgiu com algo mais convincente? Ela podia ter tramado uma desculpa para parecer inocente, ou pelo menos poderia colocar parte da culpa em outra pessoa. Ela podia alegar que fora estuprada, ou que José a havia pressionado a ceder ao desejo dele. Ele saberia mais do que ninguém, porém ninguém mais saberia. Contudo, em vez de uma explicação lógica que se encaixasse nas leis conhecidas da época, ela disse às pessoas que tinha engravidado pelo Espírito Santo de Deus. Por que ela teria dito tal coisa quando essa era a explicação menos verossímil? Apenas uma razão faz sentido. Porque era verdade.

E uma pontinha final de evidência. Quando Maria engravidou, o que fez José, seu noivo? Naturalmente presumiu que ela tivera relações sexuais com outro homem e planejou desfazer o noivado e o casamento iminente. O relato da história, feito por Mateus, entretanto, narra que um anjo contou a José a verdade sobre a concepção. E, com base nisso, José creu que o filho de Maria havia sido concebido pelo Espírito Santo e prosseguiu com as bodas.

José tomou sua decisão consciente de suas implicações. A princípio, ele não acreditou em Maria e resolveu romper o compromisso, exatamente como qualquer bom homem faria. Parece-nos que ele conhecia muito bem as implicações de violar as expectativas sociais sobre a pureza e a santidade do matrimônio. Um homem bom e prudente, como Mateus o chama, estaria consciente de que casar-se com Maria estragaria sua reputação pelo resto da vida. Então por que ele foi em frente e se casou com ela? Somente uma razão faz sentido. Ele conhecia a verdade. Ele creu na mensagem do anjo e que se tratava de uma completa verdade. Maria era de fato uma virgem que estava gestando em seu útero o Filho de Deus, concebido pelo Espírito Santo.

## 44

## Há provas de que Jesus ressuscitou dentre os mortos?

Quando uma pessoa morre, ela permanece morta; é enterrada, não tem volta. Naturalmente as pessoas não ressuscitam dentre os mortos. Isso é impossível sem uma intervenção milagrosa. Então há prova de que aconteceu um milagre — quando Jesus morreu e depois ressuscitou corporalmente?

Existem muitas evidências para apoiar a ressurreição de Jesus. Muitas fontes confiáveis estão disponíveis sobre o assunto.[66] Entretanto, várias teorias alternativas tentam explicar a ausência do corpo de Jesus em seu túmulo. Entre elas estão a "teoria do corpo roubado", a "teoria do corpo mudado de lugar", a "teoria da alucinação", a "teoria da ressurreição espiritual", entre outras. Cada uma dessas teorias tenta explicar fatos sobre os quais há pouco debate. A questão não é se esses fatos são verdadeiros, mas qual melhor teoria os explica. Vamos considerar três desses fatos.

### Fato nº 1: Jesus morreu na cruz

A evidência da morte de Jesus por crucificação nas mãos dos romanos é importante:

---

[66] Escrevemos um livro sobre o assunto intitulado *Evidence for the Resurrection*. Ventura: Regal, 2009.

1. Os quatro Evangelhos relatam a morte de Jesus.
2. A natureza da crucificação era realmente morte certa. A crucificação havia sido metodicamente desenvolvida pelos romanos para causar o máximo sofrimento pelo mais longo tempo possível. Dada a brutal flagelação de Jesus, a coroa de espinhos, a carga da trave e o fato de ter sido fixado na cruz com cravos ou pregos, é praticamente certo que ele estava morto.
3. O fato de ele ter sido ferido com uma lança, conforme registrado no livro de João, fez sair água e sangue, evidência médica de que Jesus morreu. Muitos médicos concordam que o fato de ter saído sangue e água do ferimento a lança é um sinal certo de morte.
4. Escritores extrabíblicos registram a morte de Jesus. Entre eles, estão Cornélio Tácito (cerca de 55-120 d.C.), que é considerado por muitos o maior historiador romano; o erudito judeu Josefo (cerca de 37-97 d.C.); e o Talmude judaico (compilado por volta de 70-200 d.C.).

## Fato nº 2: O túmulo de Jesus estava vazio

No domingo após a crucificação, Maria e as outras mulheres foram ungir o corpo de Jesus. Para surpresa delas, o túmulo estava aberto, e o corpo não se encontrava lá. Há boas razões para crer que o túmulo estava realmente vazio como as mulheres relataram:

1. Os discípulos de Jesus não foram ao Egito ou à China para pregar a ressurreição de Cristo; eles foram direto à cidade de Jerusalém, onde Jesus fora crucificado. Se o túmulo de Jesus estivesse ocupado, eles não poderiam sustentar a ressurreição por um único momento.
2. Você pode ter certeza de que, se Jesus não tivesse ressuscitado, os líderes religiosos e políticos da época teriam rápida

      e efetivamente reprimido a seita nascente do cristianismo, localizando o cadáver e transportando-o pelas ruas de Jerusalém. Isso teria destruído o cristianismo praticamente antes de ele começar. Mas isso nunca aconteceu, porque Jesus ressuscitou corporalmente da morte.

3. Uma das evidências irrefutáveis que apoiam a história do túmulo vazio é: ela relata que foram as mulheres que primeiro descobriram a ausência do corpo de Jesus. Na Palestina do século 1, as mulheres tinham baixo *status* como cidadãs ou testemunhas legais. Exceto em raras circunstâncias, a lei judaica impedia as mulheres de testemunharem num tribunal. Então por que os discípulos, se estivessem inventando a história, relataram as mulheres como as primeiras testemunhas do túmulo vazio? Geralmente, quando alguém planeja uma história para enganar outros, não inventa informação que a desacredite. O fato de os discípulos incluírem mulheres como as primeiras testemunhas do túmulo vazio aponta para uma coisa — *elas estavam relatando a verdade*.

## Fato nº 3: Os discípulos de Jesus acreditaram sinceramente que ele lhes apareceu

Os estudiosos concordam que os primeiros discípulos acreditaram sinceramente que Jesus ressuscitou dentre os mortos e lhes apareceu. Uma convincente linha de evidências pode ser encontrada em 1Coríntios 15:3-8, que é um breve credo registrando a morte, o sepultamento, a ressurreição e a aparição de Jesus a Pedro, Tiago, aos doze discípulos, a um grupo de quinhentos crentes e, finalmente, a Paulo.

Embora o livro de 1Coríntios tenha sido escrito por volta de 55 d.C., os estudiosos acreditam que o breve credo do capítulo 15 antecede a redação do próprio livro. Uma razão é que no início do credo

Paulo diz: *Porque primeiro vos entreguei o que também recebi* (1Coríntios 15:3). Em outras palavras, Paulo está passando à igreja de Corinto o que anteriormente lhe havia sido dado. Quando Paulo recebeu o credo? Visto que Paulo primeiro visitou Pedro e Tiago em Jerusalém três anos após sua conversão (Gálatas 1:18-20), muitos estudiosos críticos acreditam que Paulo recebeu o credo nesse encontro inicial. Isso o dataria dentro de um período de cinco anos após a morte de Jesus. Do ponto de vista histórico, essa é uma evidência notavelmente precoce para a crença na morte, sepultamento e aparições de Jesus.

● ● ● ● ●

Examine todas as teorias alternativas, e somente uma conclusão leva em conta todos os fatos e não os ajusta a ideias preconcebidas. A ressurreição de Cristo é um evento histórico causado por um ato sobrenatural de Deus.

# 45

## Por que Jesus precisou morrer?

A Bíblia diz que todos nós pecamos (Romanos 3:23) e precisamos de perdão. Mas por que Jesus precisou morrer para que pudéssemos ser perdoados por Deus? Não é uma medida extrema para Deus usar a fim de perdoar as pessoas por fazerem escolhas erradas?

### O papel do pecado

Para compreendermos por que Jesus teve de morrer, precisamos entender um pouco mais o que é o pecado e a natureza de Deus.[67] Vamos resumir esses assuntos para colocar essa pergunta num contexto adequado.

Deus é um Deus relacional que é, por natureza, perfeitamente santo (Isaías 54:5 e Apocalipse 4:8) e absolutamente justo (Apocalipse 16:5). As Escrituras dizem: *Ele é a rocha! Suas obras são perfeitas, porque todos os seus caminhos são justos. Deus é fiel, e nele não há pecado; ele é justo e reto* (Deuteronômio 32:4). Fazer o que é santo e justo não é algo que Deus decide fazer; é algo que ele é. Por natureza, ele é santo e justo.

Porque Deus é perfeitamente santo, por natureza não pode pecar, nem estar em relacionamento com o pecado.[68] A respeito dele, a

---
[67] Veja "O que leva as pessoas a pecarem atualmente?", p. 69, e "Como Deus realmente é?", p. 48.
[68] Veja "Se Deus é tão amoroso, por que ele não pode ser mais tolerante com o pecado?", p. 73.

Bíblia diz: *Tu, que és tão puro de olhos, que não podes ver o mal e não podes contemplar a maldade!* (Habacuque 1:13). Então Deus é um Deus puro e santo que nunca pratica o mal, e isso é muito bom.

No entanto, como afirmamos, Deus é também justo. *O Senhor é justo*, diz a Bíblia. *Ele é a minha rocha, e nele não há injustiça* (Salmos 92:15). É esse Deus justo e santo que reconhece o mal e exige que o pecado esteja eternamente separado dele, ou seja feito o pagamento pelo pecado de maneira a absolver a culpa.

### E quanto aos humanos?

É aqui que nós, seres humanos, entramos. O primeiro casal humano fez a livre escolha de não confiar em Deus e desobedecer. Isso resultou em pecado, e o pecado resultou na separação do casal de um Deus perfeito e santo — o que é chamado de morte. Assim, para Adão e Eva, o pecado foi uma escolha. Mas, para todos os seus descendentes, o pecado e a morte tornaram-se uma condição. Dizem as Escrituras: *Portanto, assim como o pecado entrou no mundo por um só homem, e pelo pecado, a morte, assim também a morte passou a todos os homens, pois todos pecaram* (Romanos 5:12).

Então, o que Deus faria? Ele não podia ter um relacionamento com os seres humanos naquele estado, por causa do pecado — isso violaria sua santidade e pureza. Ele não podia ignorar o pecado e dizer: "Ah, tudo bem — vou esquecer o que passou". Isso violaria sua justiça. Mas, se Deus não fizesse nada, os seres humanos permaneceriam eternamente separados dele.

A santidade de Deus não podia tolerar o pecado, e sua justiça não podia ignorá-lo. Além disso, seu amor não podia ficar em compasso de espera, sem nada fazer. Então, Deus desenvolveu um plano magistral e misericordioso. Só que isso lhe custou muito caro — a morte do seu único Filho.

Mas por que foi exigida a morte de Jesus? Nós não poderíamos realizar algum tipo de penitência para conseguirmos perdão e satisfazer a santidade e a justiça de Deus? Nem em um milhão de vidas! Por quê? Porque estamos todos espiritualmente mortos para Deus. Nossa condição de pecadores nos deu em troca a morte, e os mortos não podem fazer nada para remediar sua condição.

Era nesse dilema em que se encontravam os seres humanos. É por isso que a Bíblia diz: *Ora, quando ainda éramos fracos, Cristo morreu pelos ímpios no tempo adequado* (Romanos 5:6). Nenhuma soma de boas obras da nossa parte é aceitável a Deus, porque estamos mortos para ele. É por isso que somente a morte de Jesus nos tornaria aceitáveis. Ele foi o *cordeiro sem defeito e sem mancha* (1Pedro 1:19). E, quando colocamos nele a nossa fé, somos *justificados gratuitamente pela sua graça, por meio da redenção que há em Cristo Jesus* (Romanos 3:24). *Daquele que não tinha pecado Deus fez um sacrifício pelo pecado em nosso favor, para que nele fôssemos feitos justiça de Deus* (2Coríntios 5:21).

● ● ● ● ●

Não havia como a santidade e a justiça de Deus ser satisfeita, a menos que Jesus, o Filho de Deus sem pecado, morresse por nós. E, porque a perfeita justiça de Deus foi satisfeita, Jesus pôde fazer o aparentemente impossível — romper o poder da morte sobre nós. *Visto que os filhos compartilham de carne e sangue,* diz a Bíblia, *ele também participou das mesmas coisas, para que pela morte destruísse aquele que tem poder da morte, isto é, o Diabo* (Hebreus 2:14).

A morte e a ressurreição de Jesus foram indispensáveis para nos tornar justos diante de um Deus santo e justo. E, porque Deus quis tanto um relacionamento eterno conosco, ele se dispôs a pagar um alto preço. E é então que a vida eterna de Cristo se torna a nossa herança. *O próprio Espírito dá testemunho ao nosso espírito de que somos filhos de Deus. Se somos filhos, também somos herdeiros, herdeiros de Deus e coerdeiros de Cristo [...] para que também com ele sejamos glorificados* (Romanos 8:16,17).

# 46

## Por que a ressurreição de Jesus é tão fundamental para o cristianismo?

Alguns líderes e pastores cristãos fazem da ressurreição de Jesus o ponto fundamental do cristianismo. Outros dizem que é como se essas pessoas acreditassem que não foi suficiente Jesus morrer por nossos pecados. E a questão central do cristianismo não é a morte de Cristo na cruz, em vez de sua ressurreição? Porque é a morte de Jesus que nos redime, certo?

Há uma razão pela qual a ressurreição de Jesus é tão fundamental para a fé cristã. Não se trata de um artigo de fé opcional — é *a* fé propriamente dita! Ou a ressurreição de Jesus Cristo e o cristianismo permanecem de pé ou caem juntos. Um não pode ser verdade sem o outro. A fé na verdade do cristianismo não é meramente fé pela fé — a nossa fé ou a fé de alguém —, e sim é a fé no Cristo ressurreto da história. Sem a ressurreição histórica de Jesus, a fé cristã é mero placebo. O apóstolo Paulo disse: *E, se Cristo não ressuscitou, a vossa fé é inútil* (1Coríntios 15:17). Adoração, comunhão, estudo bíblico, vida cristã e a própria igreja seriam exercícios inúteis e totalmente sem valor, se Jesus não tivesse literal e fisicamente ressuscitado dentre os mortos. Sem a ressurreição, poderíamos muito bem esquecer Deus e a igreja e passar a seguir regras morais, a comer e a beber, porque amanhã morreríamos (veja 1Coríntios 15:32).

Por outro lado, se Cristo ressuscitou dentre os mortos, então ele está vivo neste exato momento e podemos conhecê-lo pessoalmente. Todo o texto de 1Coríntios 15:1-58 nos dá a garantia de que os nossos pecados estão perdoados (v. 3) e de que Cristo destruiu o poder da morte (v. 54). Além disso, Jesus prometeu que nós também ressuscitaremos um dia (v. 22). Podemos confiar em Jesus porque ele é soberano sobre o mundo (v. 27). E ele nos dará a vitória final (v. 57), bem como um plano para nossa vida (v. 58).

A ressurreição de Cristo, por conseguinte, é fundamental para o cristianismo. O teólogo contemporâneo J. I. Packer se expressa da seguinte forma a respeito desse tema:

> O evento da Páscoa [...] demonstrou a divindade de Jesus; validou seu ensino; confirmou a conclusão de sua obra de expiação pelo pecado; confirma seu presente domínio cósmico e sua reaparição como juiz; garante-nos que seu perdão pessoal, sua presença e seu poder na vida das pessoas hoje é um fato; e garante a reencarnação de cada crente pela ressurreição no mundo vindouro.[69]

Deus pode nos fazer retornar à vida nele por causa do Jesus ressurreto. O poder de sua ressurreição não somente venceu a própria morte, como também um dia derrotará Satanás e seu domínio da morte sobre todos nós:

> *Porque é necessário que ele reine até que tenha posto todos os inimigos debaixo de seus pés. E o último inimigo a ser destruído é a morte. Pois sujeitou todas as coisas debaixo de*

---

[69] Como citado em Zacharias, Ravi; Geisler, Norman. *Who Made God?* Grand Rapids: Zondervan, 2003, p. 97.

*seus pés [...] E, quando todas as coisas lhe estiverem sujeitas, então o próprio Filho se sujeitará àquele que todas as coisas lhe sujeitou, para que Deus seja tudo em todos.* (1Coríntios 15:25,26,28)

## 47

### Como as pessoas se acertavam com Deus antes de Jesus ter morrido pelos pecados?

Se a confiança na morte sacrificial de Cristo na cruz e em sua ressurreição é o que nos leva ao correto relacionamento com Deus, como ficam as pessoas que viveram antes de Cristo? Alguns dizem que, antes dele, a obediência à lei do Antigo Testamento era o que salvava as pessoas, mas, depois que Cristo veio, todos nós somos salvos pela graça mediante a fé nele. Outros dizem que era o sistema sacrificial da Lei mosaica que salvava as pessoas naquela época. Qual das alternativas é a correta?

**A salvação sempre foi pela graça mediante a fé em Cristo**

Na realidade, obter o perdão do pecado e um correto relacionamento com Deus dependia das mesmas coisas, tanto para os que viveram antes de Cristo como para os que viveram e vivem agora, depois de sua vinda. Todos nós somos feitos justos com Deus por sua graça mediante a fé em sua provisão de salvação, ou seja, seu Filho, Jesus.

Desde o início, Deus fez da fé nele a condição de um relacionamento com ele. Quando Deus disse para Adão e Eva não comerem do fruto de certa árvore, estava pedindo que eles confiassem nele. Deus queria que eles cressem que sua ordem visava o bem-estar deles e vinha de um Deus que se importava com suas criaturas. Isso jamais mudou ao longo dos tempos. Deus sempre quis que os seres humanos cressem que ele os amava e que estes o amassem em retribuição.

Então, quando os seres humanos pecaram, Deus não queria apenas que eles corrigissem as coisas seguindo suas normas — ou um sistema de sacrifício. Deus queria restaurar um relacionamento de confiança no qual eles o adorassem como seu Deus amoroso. A obediência, então, torna-se um subproduto natural desse relacionamento de confiança e amor. Quando o rei Davi pecou, ele orou: *Purifica-me com hissopo, e ficarei limpo; lava-me, e ficarei mais branco do que a neve* (Salmos 51:7). Davi não via o perdão vindo por obras ou por obediência e sabia que os sacrifícios não eram o que Deus mais procurava. *Pois não tens prazer em sacrifícios*, Davi orou, [...] *do contrário eu os ofereceria a ti. Sacrifício aceitável para Deus é o espírito quebrantado; ó Deus, tu não desprezarás o coração quebrantado e arrependido* (Salmos 51:16,17).

Mais exatamente, Davi compreendeu que um relacionamento com Deus se dava pela graça de Deus quando colocou sua confiança nele. *Preserva minha vida, pois sou piedoso; ó meu Deus, salva teu servo, que confia em ti* (Salmos 86:2). Observe que isso não significa que a morte de Cristo foi desnecessária. Ela foi indispensável para nos levar a um relacionamento amoroso e confiante com Deus.[70]

O apóstolo Paulo expande sua explicação sobre a fé e explica como Abraão se tornou justo com Deus.

> *Porque, se foi justificado pelas obras, Abraão tem do que se gloriar, mas não diante de Deus. Que diz a Escritura? Abraão creu em Deus, e isso lhe foi atribuído como justiça* [...] *Contudo, ao que não trabalha, mas crê naquele que justifica o ímpio, sua fé lhe é atribuída como justiça. Assim também*

---

[70] Veja "Por que Jesus precisou morrer?", p. 175, e "Por que a ressurreição de Jesus é tão fundamental para o cristianismo?", p. 179.

> *Davi fala da bem-aventurança do homem a quem Deus atribui a justiça sem as obras, dizendo: Bem-aventurados aqueles cujas iniquidades são perdoadas, cujos pecados são cobertos. Bem-aventurado o homem a quem o Senhor nunca atribuirá o pecado.* (Romanos 4:2,3,5-8)

Os que viveram nos tempos do Antigo Testamento sacrificaram animais, mas isso era um substituto temporário que apontava para o Messias que se sacrificaria por eles. *Pois, quando ofereceu a si mesmo, fez isso de uma vez por todas* (Hebreus 7:27).

● ● ● ● ●

Assim como a morte e a ressurreição de Cristo avançam no tempo para nos levantar da morte espiritual a fim de obter um correto relacionamento com Deus, da mesma forma elas retroagem no tempo para livrar todos os que nasceram antes de Jesus. O apóstolo Paulo disse que

> *Deus ofereceu [Jesus] como sacrifício propiciatório [...] para demonstração da sua justiça. Na sua paciência, Deus deixou de punir os pecados anteriormente cometidos; para demonstração da sua justiça no tempo presente, para que ele seja justo e também justificador daquele que tem fé em Jesus.* (Romanos 3:25,26)

Em outras palavras, os que viveram antes de Jesus obtiveram crédito por esse sacrifício antes mesmo que Jesus morresse por eles. É semelhante à situação hoje em dia quando compramos algo a crédito — passamos a usar a mercadoria ou o serviço, embora, tecnicamente, ainda não tenhamos pagado por ele. É isso o que as Escrituras querem dizer ao afirmar que *Abrão creu no Senhor; e o Senhor atribuiu-lhe isso como justiça* (Gênesis 15:6). Abraão teve a salvação aplicada a ele, embora a transação final por Jesus ainda não tivesse sido completada. Resumindo, o perfeito sacrifício de Jesus soluciona o pecado e o problema da morte por todos os que creem na provisão de Deus — passada, presente e futura. Todos os que morreram confiando na provisão de Deus, todos os que ainda estamos vivos e todos os que virão depois de nós devem colocar a fé na morte e na ressurreição de Cristo como sua salvação e em sua promessa de um dia nos ressuscitar para a vida eterna.

# 48

## O que é a Igreja de Deus?

Algumas pessoas hoje têm problemas quanto à atuação da igreja e seus vários ensinamentos. Mas de onde veio a ideia da religião cristã organizada? O que realmente queremos dizer quando falamos a respeito da "igreja"?

Jesus perguntou aos discípulos: *Vós, quem dizeis que eu sou?* E Pedro respondeu: *Tu és o Cristo, o Filho do Deus vivo.* Jesus replicou: *Tu és Pedro* [que significa rocha], *e sobre esta pedra edificarei a minha igreja* (Mateus 16:15-18). Que tipo de igreja Jesus tinha em mente quando disse isso?

Estava claro que, quando Jesus se referiu à "igreja", ele não estava se referindo a um edifício. A palavra em grego era *ekklesia*, que significava um ajuntamento de pessoas. Na cultura daquele tempo, a palavra *ekklesia* era claramente entendida como uma assembleia pública de cidadãos. O termo hebraico correspondente significava uma assembleia perante o Senhor. Seja em grego, seja em hebraico, "igreja" significava "o povo de Deus", e não um edifício.

Na cultura atual, o termo "igreja" é entendido com mais frequência como um edifício ou uma organização. Mas isso está longe do que os discípulos e apóstolos compreenderam após a descida do Espírito Santo no dia de Pentecostes. Uma vez cheios do Espírito Santo, eles compreenderam o conceito — a igreja era o povo de Deus. Era o agente de Cristo para disseminar a mensagem do reino. Era a representação visível do próprio Cristo.

Quando Jesus disse aos discípulos: *Ide, fazei discípulos de todas as nações* (Mateus 28:19), ele estava dando um mandamento ao seu povo, isto é, à igreja que em breve seria estabelecida. Essa igreja recebeu uma missão, que fazia parte de uma missão maior de redenção e restauração de todas as coisas. O passo inicial de Cristo nessa missão foi dar sua vida como resgate. Ele completou isso por meio de sua morte na cruz e de sua ressurreição, mas ele completaria o restante de sua missão por outros meios. Tendo ele como cabeça, a igreja se expandiu rapidamente — pelo poder do Espírito Santo ela sobreviveu na comunidade de seus seguidores —, e todos os cantos da terra acabaram sendo alcançados.

A nova igreja de Jesus não poderia ser uma organização estática, mas uma organização viva. Não seria a construção de uma instituição ou de um memorial, mas propagaria a mensagem e transformaria o coração das pessoas. O Novo Testamento usa pelo menos seis imagens para descrever a igreja, e nenhuma delas está relacionada a organizações, instituições ou edifícios materiais:

1. A igreja é o novo povo de Deus (veja Gálatas 6:15,16; Efésios 3:10,11).
2. A igreja é a família de Deus (veja Efésios 2:19,20; Romanos 8:14-17).
3. A igreja é o corpo de Cristo (veja Efésios 2:19,20; Romanos 12:4,5).
4. A igreja é o templo santo onde Deus habita (veja Efésios 2:21,22; 1Coríntios 3:16).
5. A igreja é a noiva pura de Cristo (veja Efésios 5:25-27).
6. A igreja é agente de Cristo para cumprir sua missão de redimir o perdido (veja 1Pedro 2:9; 2Coríntios 5:18-20).[71]

Quando as pessoas são justificadas em Deus pela graça por meio da fé em Cristo, elas se tornam parte dessa comunidade viva chamada igreja.

---

[71] Adaptado de McDowell, Josh; McDowell, Sean. *The Unshakable Truth*, p. 379-80.

## 49

## O que Jesus fará em sua segunda vinda?

Muitas pessoas têm escrito sobre as profecias bíblicas a respeito dos últimos dias e sobre o que acontecerá antes e depois de Jesus voltar à terra. Há os que ensinam opiniões chamadas de *pré-milenarismo, pós-milenarismo e amilenarismo*. E às vezes isso pode parecer um pouco confuso. Para chegar ao ponto principal, porém, o que Jesus realmente fará em sua segunda vinda?

### O plano de restauração de Deus

Jesus disse aos discípulos que ia preparar um lugar para eles e todos os que nele cressem. E fez a promessa: *E, se eu for e vos preparar lugar, virei outra vez e vos levarei para mim, para que onde eu estiver estejais vós também* (João 14:3). Depois do Pentecostes, Pedro pregou essa mesma mensagem ao povo de Jerusalém, dizendo: *É necessário que o céu o receba* [a Jesus] *até o tempo da restauração de todas as coisas, sobre as quais Deus falou pela boca dos seus santos profetas* (Atos 3:21). E o que disseram os profetas sobre os planos divinos de restauração?

> *Pois crio novos céus e nova terra; e as coisas passadas não serão lembradas, nem serão mais recordadas.* (Isaías 65:17)

> *Pois, assim como as águas cobrem o mar, a terra se encherá do conhecimento da glória do* Senhor. (Habacuque 2:14)
>
> *Assim como os novos céus e a nova terra que farei durarão diante de mim, assim a vossa posteridade e o vosso nome durarão.* (Isaías 66:22)

Essas promessas que Deus declarou foram dirigidas aos filhos de Israel, mas nos incluem também como beneficiários. Quando Pedro perguntou o que estava reservado para os discípulos que seguiram Jesus, obteve a resposta: *Em verdade digo a vós que me seguistes que, na regeneração, quando o Filho do homem se assentar em seu trono glorioso, vós também vos assentareis em doze tronos, para julgar as doze tribos de Israel* (Mateus 19:28). Mais tarde, Pedro escreveu: *Nós, porém, segundo sua promessa, aguardamos novos céus e nova terra, nos quais habita a justiça* (2Pedro 3:13). Jesus também nos disse:

> *Quando, pois, o Filho do homem vier na sua glória, e todos os anjos com ele, então se sentará no seu trono glorioso [...] Então o Rei dirá aos que estiverem à sua direita: Vinde, benditos de meu Pai. Possuí por herança o reino que vos está preparado desde a fundação do mundo.* (Mateus 25:31,34)

Deus não desistiu do seu plano original. Ele não abandonou a ideia de uma terra perfeita, nem deixou de lado seu plano para seus filhos viverem nesse lugar perfeito para sempre. Ele não tem intenção de nos levar para algum céu distante e depois destruir a terra que ele projetou para ser nosso lar. Após a ressurreição, Jesus subiu ao céu com a promessa de voltar. Ele voltará e restaurará a terra a seu plano original. O plano perfeito de Deus é *fazer convergir em Cristo todas as coisas, tanto as que estão no céu como as que estão na terra* (Efésios 1:10).

Respostas surpreendentes sobre **DEUS**

● ● ● ● ●

Deus restaurará não somente a terra a seu plano original, como também o nosso corpo. O nosso corpo terreno será transformado em um corpo celestial que nunca morrerá. Quando isso acontecer, finalmente as Escrituras se cumprirão: *A morte foi engolida pela vitória* (1Coríntios 15:54).

E, acima de tudo, a restauração de nosso corpo e de um novo mundo depende de Jesus Cristo voltar e destruir tanto a morte quanto, é claro, seu arqui-inimigo, o Diabo. Jesus primeiro teve de morrer como uma expiação por nosso pecado. E ele o fez. E depois teve de vencer a morte por meio de sua ressurreição para se tornar o Sumo Sacerdote. E ele o fez. E, em sua segunda vinda, ele destruirá a morte e o Maligno para renovar e restaurar todas as coisas.

> *E, quando todas as coisas lhe estiverem sujeitas, então o próprio Filho se sujeitará àquele que todas as coisas lhe sujeitou, para que Deus seja tudo em todos.* (1Coríntios 15:28)[72]

---

[72] McDowell, Josh; McDowell, Sean. *The Unshakable Truth*, p. 409-411.

# 50

## Como posso experimentar um relacionamento pessoal com Deus?

Podemos fazer muitas perguntas a respeito de Deus. E até este ponto do livro tentamos responder a 49 delas. Porém, esta é realmente a mais importante: Como podemos experimentar um relacionamento pessoal com o Deus vivo?

Deus não poupou esforços para criar um relacionamento com você. Na pessoa de seu Filho, Jesus, ele deixou o céu, sofreu morte terrível e ressuscitou para elevar você a uma nova vida nele. E fez tudo isso porque ele *é Deus zeloso* (Êxodo 34:14).

Eis uma apresentação simples da história do evangelho que você pode usar como guia para estabelecer um relacionamento com Deus.

1. **Você pode realmente conhecer a Deus pessoalmente?**
   - Deus *ama* você. *Nisto está o amor: não fomos nós que amamos a Deus, mas foi ele quem nos amou* (1João 4:10).
   - Deus tem um *plano* para você conhecê-lo pessoalmente. *E a vida eterna é esta: que conheçam a ti, o único Deus verdadeiro, e a Jesus Cristo, que enviaste* (João 17:3).
2. **O que impede você de conhecer a Deus pessoalmente?**
   - Os seres humanos têm uma natureza pecaminosa. *Porque todos pecaram e estão destituídos da glória de Deus* (Romanos

3:23). Embora tenhamos sido criados para manter um relacionamento com Deus, devido ao nosso egocentrismo, escolhemos seguir nosso caminho independente, em desobediência a ele. Essa teimosia, caracterizada por uma atitude de rebelião ativa ou indiferença passiva, é uma evidência do que a Bíblia chama de pecado.

- Os seres humanos estão *separados*. *O salário do pecado é a morte* (Romanos 6:23). A morte que Paulo menciona aqui não é a mera morte física, mas a separação espiritual de Deus. Ela significa que

  > *os que não conhecem a Deus e os que não obedecem ao evangelho de nosso Senhor Jesus [...] sofrerão como castigo a perdição eterna, longe da presença do Senhor e da glória do seu poder.* (2Tessalonicenses 1:8,9)

3. **Deus providenciou um meio de transpor essa separação.** Jesus Cristo, o Filho de Deus, é a *única* provisão de Deus para o nosso pecado. Somente por meio dele podemos conhecer Deus pessoalmente e vivenciar o seu amor.

   - Cristo morreu em nosso lugar. *Deus ofereceu Cristo como sacrifício para que, pela sua morte na cruz, Cristo se tornasse o meio de as pessoas receberem o perdão dos seus pecados* (Romanos 3:25, NTLH).
   - Cristo ressuscitou dentre os mortos. *Cristo morreu pelos nossos pecados [...] foi sepultado; e ressuscitou ao terceiro dia, segundo as Escrituras* (1Coríntios 15:3,4).
   - Cristo é o único caminho para Deus. Jesus disse: *Eu sou o caminho, a verdade e a vida* (João 14:6).

Mas...

4. **Não basta apenas conhecer essas verdades.**
   - Precisamos individualmente *receber* Jesus Cristo como Salvador e Senhor; então podemos agora conhecer Deus pessoalmente e vivenciar o seu amor. *Mas a todos que o receberam, aos que creem no seu nome, deu-lhes a prerrogativa de se tornarem filhos de Deus* (João 1:12).
   - Nós recebemos Cristo pela fé, colocando a nossa confiança nele e em seu poder e autoridade. *Porque pela graça sois salvos, por meio da fé, e isto não vem de vós, é dom de Deus; não vem das obras, para que ninguém se orgulhe* (Efésios 2:8,9).
   - Recebemos Cristo aceitando seu convite pessoal.

E...

5. **Ao receber Cristo, você é transformado.**
   - Ao receber Cristo pela fé, como ato de sua vontade, você experimenta uma nova vida. *Ele morreu por todos para que os que vivem não vivam mais para si mesmos, mas para aquele que por eles morreu e ressuscitou* (2Coríntios 5:15).

Apenas concordar intelectualmente que Jesus Cristo é o Filho de Deus e morreu na cruz pelos nossos pecados não pode ser qualificado como fé. A fé requer uma renúncia séria dos caminhos anteriores e a confiança em Deus para dirigir o futuro. A mera crença intelectual não é adequada para que Cristo entre em sua vida. Nem é suficiente ter uma experiência religiosa emocional. Receber Cristo envolve voltar-se para Deus (em arrependimento) e confiar que Cristo entrará em sua vida para perdoá-lo dos seus pecados e fazer de você o que ele quer que você seja.

6. **A Bíblia promete vida eterna a todos que recebem Cristo.**
   - Quando o recebemos, temos a garantia da vida eterna no céu e de alegria aqui na terra.

   > *Deus nos deu a vida eterna, e essa vida está em seu Filho. Quem tem o Filho tem a vida; quem não tem o Filho de*

> *Deus não tem a vida. Eu vos escrevo essas coisas, a vós que credes no nome do Filho de Deus, para que saibais que tendes a vida eterna.* (1João 5:11-13)

Se você ainda não confiou em Cristo pela fé, pode fazê-lo neste exato momento. As palavras da oração a seguir não são mágicas; são simplesmente uma sugestão para permitir que você expresse um desejo sincero de se voltar para Deus:

> *Senhor Jesus, eu creio que tu és quem alegaste ser e quero conhecer-te pessoalmente. Agradeço a ti por teres morrido na cruz por meus pecados. Aceito o teu perdão e coloco minha confiança em ti como meu Salvador e Senhor. Entra no meu coração e faze-me a pessoa para a qual me criaste. Em nome de Cristo. Amém.*[73]

---

[73] McDowell, Josh; McDowell, Sean. *The Unshakable Truth*, p. 231-3.

# RESPOSTAS SURPREENDENTES SOBRE A BÍBLIA

## 51

## De onde veio a Bíblia?

Nos dias de hoje, a Bíblia, contendo o Antigo e o Novo Testamentos, é o livro mais amplamente divulgado na história. Foi traduzida para mais de 2:400 línguas, e sua distribuição chega a bilhões de exemplares. Mas de onde veio esse livro extraordinário? Quem o escreveu e quando?

### O Antigo Testamento

A parte da Bíblia denominada Antigo Testamento foi escrita num período de cerca de mil anos, na língua hebraica, exceto por algumas passagens registradas em aramaico. A primeira pessoa que a Bíblia identifica como escritor é Moisés. Ele tem o crédito da autoria dos seus primeiros cinco livros. A data do manuscrito de Moisés é posicionada durante o período conhecido como Idade do Bronze (1500-1200 a.C.). Os registros da criação, o relato de Noé e o Dilúvio, as jornadas de Abraão etc. provavelmente foram passados oralmente de geração em geração. É também possível que, centenas de anos antes de Moisés, Abraão tenha escrito o que seus tataravôs sabiam sobre as primeiras histórias da criação. Mas foi Moisés quem compilou aquelas primeiras narrativas.

O Antigo Testamento inteiro é composto por 39 livros: os 5 livros de Moisés (conhecidos como Pentateuco), 12 livros históricos, 5 livros poéticos e 17 livros dos profetas maiores e menores. Embora a autoria de muitos livros do Antigo Testamento esteja clara, para outros livros essa informação simplesmente não existe.

## O Novo Testamento

O Novo Testamento só foi escrito após a morte de Jesus, sua ressurreição e ascensão ao céu. Em sua época, os territórios judeus estavam principalmente sob o governo romano e dos descendentes de Herodes, o Grande. O grego e o aramaico eram as línguas dominantes. A maioria dos estudiosos acredita que os primeiros escritos do Novo Testamento tenham sido redigidos em grego pelo apóstolo Paulo cerca de vinte anos após a ressurreição e ascensão de Jesus. A Paulo atribui-se o crédito de autoria da maior parte das epístolas do Novo Testamento. Os quatro Evangelhos (Mateus, Marcos, Lucas e João) são anônimos e não citam seus autores. Mas os Pais da igreja primitiva eram quase unânimes ao afirmar que os apóstolos cujos nomes constam nos Evangelhos são de fato seus autores. Acredita-se que os relatos tenham sido escritos entre 65 e 90 d.C., mas existem algumas evidências de que possam ter sido escritos antes. O Novo Testamento contém 27 livros ao todo.

Entre os materiais usados para escrever nos primeiros tempos, incluem-se:

- argila (Ezequiel 4:1);
- pedra (Êxodo 24:12);
- metal (Êxodo 28:36);
- papiro, na verdade duas camadas de cana de papiro fendido prensadas juntas para formar a folha de escrita (Apocalipse 5:1);
- velino, feito de pele de cabra; pergaminho, de pele de cordeiro; ou couro, extraído de vaca (2Timóteo 4:13).

Em algum momento, cada texto das Escrituras tinha de ser copiado do texto original do autor a fim de ser preservado para as gerações futuras. A tinta desbotava, o couro e o pergaminho se decompunham e o papiro esfarelava. Isso tornava necessário que pessoas transcrevessem cuidadosamente a escrita original, chamada de *autographon* (plural, *autografa*), numa cópia cuidadosa conhecida como manuscrito. O processo de fazer cópias das cópias anteriores preservou os escritos que agora conhecemos como Escrituras.[74]

• • • • •

Embora possamos saber algo sobre como obtivemos a Bíblia de que dispomos hoje, permanece a pergunta: "De onde vieram as palavras da Bíblia?" O Novo Testamento nos diz claramente:

> *No passado, por meio dos profetas, Deus falou aos pais muitas vezes e de muitas maneiras; nestes últimos dias, porém, ele nos falou pelo Filho.* (Hebreus 1:1,2)
>
> *Toda a Escritura é divinamente inspirada e proveitosa para ensinar, para repreender, para corrigir, para instruir em justiça; a fim de que o homem de Deus tenha capacidade e pleno preparo para realizar toda boa obra.* (2Timóteo 3:16,17)
>
> *Sabei antes de tudo que nenhuma profecia das Escrituras é de interpretação particular. Pois a profecia nunca foi produzida por vontade humana, mas homens falaram da parte de Deus, conduzidos pelo Espírito Santo.* (2Pedro 1:20,21)

Assim, a Bíblia de fato vem de Deus. São as palavras dele registradas por escrito. Um grupo seleto de homens (conhecidos como

---

[74] Veja "O Antigo Testamento é historicamente confiável?", p. 268, e "O Novo Testamento é historicamente confiável?", p. 273.

profetas e apóstolos) escreveu as Escrituras sob a direção e a inspiração de Deus.

O criador onipotente falou verbalmente aos filhos de Israel do monte Sinai mais de 3 mil anos atrás (veja Êxodo 31:18). E depois, ao longo de séculos, ele inspirou mais de quarenta profetas e apóstolos diferentes para registrarem suas palavras para nós. Esses autores pertenciam a várias classes sociais — pastores, soldados, profetas, poetas, reis, estudiosos, estadistas, mestres, servos, cobradores de impostos, pescadores e fazedores de tendas. A Palavra de Deus foi escrita numa variedade de lugares: no deserto, num palácio, numa prisão, no campo, na masmorra e no exílio, nos continentes da Ásia, África e Europa. E foi escrita numa variedade de gêneros, incluindo biografias, narrativas, poesias, leis, cartas e muito mais. Com toda a sua variedade de autores, origens e conteúdo, ela alcança um propósito notável: comunicar a seres humanos finitos exatamente a mente e o coração de um Deus infinito.

# 52

## O que significa a Bíblia ser inspirada?

Você já teve inspiração para escrever uma poesia ou uma canção? Já foi inspirado por seu pai ou sua mãe, por um técnico ou um orador? Poesias, romances, músicas, filmes e palestrantes podem nos trazer inspiração. Quando dizem que a Bíblia é inspirada, é isso o que se quer dizer — que as palavras da Bíblia são inspiradoras?

### A comunicação de Deus

Quando o apóstolo Paulo disse que *toda a Escritura é divinamente inspirada* por Deus (2Timóteo 3:16), não quis dizer que a Bíblia era meramente um livro inspirador. Ele usou uma palavra específica da língua grega — *theopneustos*, que literalmente significa "Deus respirou" (*theos*, Deus; *pneo*, respirar). Toda a Escritura é "respirada por Deus", o que significa que as palavras escritas na Bíblia provêm de Deus. É por isso que nos referimos às Escrituras como a Palavra de Deus.

Jesus referiu-se às Escrituras dessa forma quando disse aos fariseus que eles estavam usando o ensino das Escrituras de forma inadequada. Jesus afirmou: *Assim, por causa da vossa tradição invalidastes a palavra de Deus* (Mateus 15:6). O apóstolo Paulo declarou que *as palavras de Deus foram confiadas aos judeus* (Romanos 3:2). Portanto, quando você estiver lendo a Bíblia, não estará simplesmente lendo um livro inspirador; estará lendo as palavras de Deus.

Embora as Escrituras sejam a Palavra de Deus, isso não significa que o próprio Deus escreveu as palavras ou colocou as pessoas em transe e usou as mãos delas junto com penas e tintas para registrar por escrito seus pensamentos e ideias. Ao contrário, ele escolheu pessoas que tinham um relacionamento espiritual com ele para serem seus porta-vozes. E Deus falou por meio dessas pessoas para que escrevessem suas palavras e sua mensagem através de suas personalidades específicas.

Deus falou diretamente a Moisés, e Moisés retransmitiu a Palavra de Deus aos filhos de Israel verbalmente e por escrito (veja Êxodo 19,20,24). Mais tarde, Moisés disse a Israel: *O Senhor, teu Deus, levantará um profeta semelhante a mim [...] Então o Senhor me disse [...] e lhe porei na boca as minhas palavras, e ele lhes falará tudo o que eu lhe ordenar* (Deuteronômio 18:15,17,18).

Embora alguns profetas tenham ouvido as palavras diretamente de Deus, outros as receberam através de sonhos (Gênesis 37:1-11), num arbusto em chamas (Êxodo 3:1-4), por meio de visões (Daniel 7 e Apocalipse 1:1,2), de anjos (Gênesis 19:1-29) ou através de uma voz interior como em *A palavra do Senhor, que veio a Oseias* e *a palavra do Senhor que veio a Joel* (Oseias 1:1 e Joel 1:1), e assim por diante.

Por isso, quando dizemos que as Escrituras são inspiradas por Deus, significa que ele supervisionou o que queria que fosse dito por meio dos seus instrumentos humanos. O apóstolo Paulo explicou: *Também falamos dessas coisas, não com palavras ensinadas pela sabedoria humana, mas com palavras ensinadas pelo Espírito Santo, comparando coisas espirituais com espirituais* (1Coríntios 2:13). O apóstolo Pedro também chamou a atenção para esse fato ao escrever que *nenhuma profecia das Escrituras é de interpretação particular. Pois a profecia nunca foi produzida por vontade humana, mas homens falaram da parte de Deus, conduzidas pelo Espírito Santo* (2Pedro 1:20,21).

Mais de 3 mil vezes, os escritores bíblicos alegaram ter recebido suas palavras diretamente de Deus, usando frases como *A palavra do SENHOR veio a mim novamente* (Ezequiel 12:1), *E o SENHOR disse a Moisés* (Levítico 6:1), *Assim diz o SENHOR* (Isaías 50:1), *Esta é a palavra do SENHOR que veio a Jeremias* (Jeremias 14:1) etc. O apóstolo Paulo disse: *Mas, irmãos, quero que saibais que o evangelho por mim anunciado não se baseia nos homens; porque não o recebi de homem algum nem me foi ensinado, mas o recebi por uma revelação de Jesus Cristo* (Gálatas 1:11,12).

• • • • •

A Palavra de Deus falada e escrita por seus profetas e apóstolos é uma revelação especial. As Escrituras foram inspiradas por Deus para que ele pudesse revelar seus pensamentos, palavras e promessas e eles permanecessem preservados de geração em geração. Então a Bíblia é uma revelação especial de Deus, escrita por autores humanos, inspirados diretamente por ele. É por isso que a Bíblia transmite poder e influência, ou o que podemos chamar de autoridade. Por trás das Escrituras, está o soberano Deus do universo. E, quando ele fala, sua Palavra define a essência da autoridade.

Deus teve um cuidado especial durante milhares de anos para revelar sua Palavra e escolher pessoas que registrariam cuidadosamente seus pensamentos e mensagem. E ele supervisionou esse processo a fim de que o que ele queria que fosse escrito, fosse realmente escrito. E nós temos esse registro permanente nas Escrituras. Como disse Jesus: *Pois em verdade vos digo: Antes que o céu e a terra passem, de modo nenhum passará uma só letra ou um só traço da Lei, até que tudo se cumpra* (Mateus 5:18). Nada suprimirá a Palavra de Deus e nada impedirá seu supremo propósito. *Céu e terra passarão, mas as minhas palavras nunca* (Mateus 24:35).

## 53

### A Bíblia é de autoria divina, humana ou ambas?

Diz-se que a Bíblia é a Palavra de Deus — inspirada ou "soprada por Deus". Então a Bíblia foi ditada por ele palavra por palavra a um grupo seleto de homens — como se ele estivesse milagrosamente dirigindo suas penas para escreverem as palavras divinas?[75] Ou talvez Deus tenha dado a certos homens alguns pensamentos inspiradores e ao mesmo tempo liberdade para escrever a própria interpretação da mensagem? Seria isso mesmo?

### Os meios de Deus

Como tratamos no capítulo anterior, a Bíblia é a Palavra "inspirada" por Deus, ou falada através de seus porta-vozes. Mas os cerca de 40 autores dos 66 livros da Bíblia não eram máquinas de ditado sem inteligência, por assim dizer. Deus selecionou autores humanos específicos com vários antecedentes, talentos diferentes, formações educacionais e experiências de vida por uma razão muito boa. Deus, sendo infinito, quis que sua Palavra fosse comunicada de forma clara a seres humanos finitos. Por isso, ele transmitiu seus pensamentos e palavras por meio de seres humanos diferentes, com personalidades,

---

[75] Veja "O que significa a Bíblia ser inspirada?", p. 203.

estilos e vozes distintas. Ele escolheu pastores, soldados, profetas, monarcas, eruditos, servos, cobradores de impostos, pescadores e fabricantes de tendas porque cada um tinha uma experiência humana característica que o capacitava a transmitir uma trama de significados que todos nós poderíamos compreender.

É como se Deus estivesse compondo uma obra-prima musical usando quarenta instrumentos da orquestra. Pense num maestro que criou uma composição musical específica. Ele usa diferentes instrumentos musicais para propósitos diferentes: os vários tambores ditam o ritmo, os trompetes convocam para a ação, os violinos e os violoncelos acalmam, as flautas elevam a alma, e assim por diante. Nas mãos do maestro, os diferentes e variados instrumentos produzem uma sinfonia que move a alma, o coração e as emoções do ouvinte com a mensagem da música. De forma semelhante, Deus usou diferentes autores para nos transmitir sua mensagem de forma clara, independentemente de quem somos ou de quão variada possa ser nossa experiência humana.

## Os servos de Deus

Tomemos como exemplo as experiências de vida do rei Davi. Ele começou como pastor, matou um gigante, foi músico, teve sua vida ameaçada por Saul, tornou-se rei, cometeu adultério, participou de batalhas e venceu guerras etc. Davi sabia o que significava ter altos e baixos na vida, e Deus usou suas variadas experiências para comunicar de forma poderosa sua Palavra... por meio do devoto coração de Davi, seu desejo de servir, seus fracassos e pecado, sua profunda paixão pelo conhecimento. Houve o rei Salomão, dotado de percepção e sabedoria, e Deus o usou para se comunicar por meio dele. O profeta Oseias teve um casamento infeliz com uma esposa infiel. Deus falou por meio de suas experiências de vida para ilustrar a infidelidade de Israel e o amor infalível e fiel de Deus a seu povo.

Pedro, o discípulo superconfiante e que falava sem rodeios, na prática negou Jesus. Todavia, na primeira carta de Pedro (o livro de 1Pedro), encontramos uma das principais mensagens já escritas sobre como manter uma vida de devoção e santidade em meio a tentações e sofrimentos. Assim como vários instrumentos numa orquestra, Deus fez uso das muitas e variadas experiências de seus porta-vozes para compor o que queria que soubéssemos em palavras e que nos capacitaria a compreender claramente o seu coração e a sua mente.

Deus não somente falou através de seus porta-vozes com experiências humanas variadas; ele também expressou sua Palavra em inúmeros estilos e formas literárias. Às vezes, a Bíblia está escrita como um romance; em outras, como um livro de normas e regulamentos. As Escrituras se movem dos tristes lamentos de Jeremias à exaltada poesia de Isaías e dos salmos. A Bíblia usa essa ampla gama de formas literárias para se comunicar claramente com sua audiência humana. A Palavra de Deus está cheia de narrativas, parábolas, alegorias, metáforas, símiles, sátiras e hipérboles.

• • • • •

Uma vez que Deus falou suas palavras por meio de seres humanos, as Escrituras são redigidas em várias formas e estilos literários, e também sob as diferentes perspectivas humanas, emoções e culturas de seus porta-vozes. Ao se comunicar dessa forma, Deus captura o pleno caráter daqueles por meio de quem fala, desde a lógica integrada de um erudito (Paulo, em suas epístolas) até a perspectiva sacerdotal de um teólogo (o escritor de Hebreus), passando pelo talento poético de um músico (Davi, nos salmos) até o desespero e a agonia de um profeta (Jeremias, em Lamentações). Cada livro das Escrituras é apresentado através das lentes de seu porta-voz humano e, todavia, ainda assim transmite a exata mensagem que Deus quer que recebamos.

Por isso, em certo aspecto, podemos dizer que a Bíblia é um

produto tanto de Deus como de homens. No entanto, sua redação foi sobrenaturalmente guiada e divinamente supervisionada para transmitir precisamente o que Deus quer comunicar. Consequentemente, é correto chamá-la de Palavra de Deus.

# 54

## A Bíblia não está cheia de erros e contradições?

A Bíblia contém 66 livros escritos por mais de quarenta pessoas diferentes sobre centenas de assuntos, incluindo quem é Deus e como ele interage com sua criação. Poderiam esses diferentes autores, que escreveram em intervalos de centenas de anos, ser consistentes e estar em harmonia com relação à mensagem da Bíblia? Os críticos alegam que é impossível e insistem que há milhares de erros e contradições na Bíblia. Isso é verdade?

Quando os teólogos cristãos conservadores dizem que a Bíblia não contém erros (é infalível), eles querem dizer que, quando todos os fatos são conhecidos e quando adequadamente interpretadas, as Escrituras se revelarão verdadeiras, e não falsas, em tudo o que afirmam. Isso, claro, é verdade se consideramos Deus de fato o autor das Escrituras.[76] É lógico que, se Deus inspirou seres humanos para revelar suas palavras, ele teria segurança de não se contradizer, de modo que sua Palavra ficasse isenta de erro.

### Problemas aparentes

Então, alguém pode encontrar erros e contradições na Bíblia? Pode haver contradições *aparentes*, mas afirmamos que não existem erros

---

[76] Veja "O que significa a Bíblia ser inspirada?", p. 203.

ou contradições *de fato* nos escritos originais, os quais são chamados de autógrafos. Mas esses autógrafos não existem mais. O que temos são cópias do que foi originariamente escrito. De fato, temos milhares de cópias.

Pelo fato de não existirem máquinas de impressão na época em que as Escrituras foram registradas (nem houve nenhuma por mais de mil anos), era necessário manuscrever cópias para preservar os documentos de uma a outra geração. E, embora aqueles que faziam as cópias (os escribas) se esmerassem para copiar com exatidão, alguns erros eram cometidos.[77] Contudo, apenas porque houve erros de cópia, isso não significa que toda a Bíblia esteja cheia de contradições e erros. Porque, quando se examinam os "erros", fica claro por que eles foram ocasionados e também que eles não alteram o significado original do texto.

Por exemplo, alguns manuscritos do Novo Testamento registram o nome de João (*Ioannes*, em latim) com um só "n"; outras vezes, com dois. Tecnicamente, isso constitui um erro ou contradição. E, sempre que um "erro" especial como esse ocorre, digamos, em 3 mil manuscritos, ele é contado como 3 mil "erros". No entanto, é evidente que esse tipo de "erro" não altera de forma alguma o significado da Palavra de Deus.

Outros erros podem ser encontrados tanto no Antigo como no Novo Testamento, como, por exemplo:

- Em 2Crônicas 9:25, alguns manuscritos registram que Salomão tinha 4 mil estábulos para as 14 mil carruagens que possuía. Mas, em 1Reis 4:26, outros manuscritos indicam 40 mil estábulos. Está claro que Salomão não precisava de 40 mil estábulos para acomodar 14 mil carruagens. Isso provavelmente

---

[77] Veja "O Antigo Testamento é historicamente confiável?", p. 268, e "O Novo Testamento é historicamente confiável?", p. 273.

resultou de excesso de trabalho e talvez de um escriba sonolento que copiou o número 40 no lugar do 4. Esse é um erro humano compreensível.
- Em 2Reis 8:26, muitos manuscritos dizem que o rei Acazias tinha 22 anos quando começou a reinar. Mas, em 2Crônicas 22:2, alguns manuscritos relatam que ele tinha 42 anos. Claro que ele não podia ter 42 anos, ou pelo cálculo de idades seria mais velho que seu pai. Novamente, esse foi um erro de cópia.
- Mateus 28:2,3 registra que um anjo estava junto ao túmulo de Jesus. Mas Lucas 24:4 faz referência a dois anjos nesse lugar. Trata-se de uma contradição? Não é mais uma contradição do que se eu (Sean) disser a você que fui à Disneylândia no ano passado. E depois outra pessoa lhe disser que minha esposa, Stephanie e nossos dois filhos também foram. A primeira declaração pode ter deixado você com a impressão de que fui ao parque temático sozinho, enquanto outro relato explica que minha família me acompanhou. Mas isso não é uma contradição.
- Alguns veem problema no fato de Jesus dizer que seria morto e ressuscitaria em três dias (Marcos 8:31). Tecnicamente, Jesus não ficou na sepultura durante três dias inteiros de 24 horas. Ele errou no que disse? Não, porque na cultura judaica qualquer parte do dia era considerada um dia inteiro. Não houve contradição aqui.

## A exatidão da transmissão da Bíblia

Pelo fato de estarmos lidando somente com cópias dos manuscritos originais, e não com os originais propriamente ditos, estamos fadados a ter alguns erros de cópia. E é lógico que as cópias mais próximas dos originais têm menor probabilidade de apresentar erros. Pelo fato de um erro ser cometido na cópia de um manuscrito, futuras cópias do manuscrito reproduzirão esse erro. Por isso, os manuscritos mais antigos tendem a ser mais precisos porque estão mais próximos do original. E não sabemos quão incrivelmente exatas foram as cópias do Antigo Testamento até a descoberta dos manuscritos do mar Morto em 1947.

Antes de 1947, o mais antigo manuscrito hebraico completo datava de 900 d.C. No entanto, com a descoberta de 223 manuscritos em cavernas no lado oeste do mar Morto, entramos na posse de manuscritos do Antigo Testamento datados pelos paleógrafos de 125 a.C. Esses rolos eram mil anos mais antigos do que os manuscritos anteriormente conhecidos.

Aqui está, porém, a parte mais emocionante: quando os manuscritos do mar Morto foram comparados com cópias mais posteriores, a Bíblia hebraica então existente demostrou ser idêntica, palavra por palavra, em mais de 95% do texto. Os outros 5% consistiam principalmente em variações ortográficas. Por exemplo, das 166 palavras em Isaías 53, somente 17 letras estavam em questão. Delas, 10 letras eram relativas a ortografia, apenas 4 diziam respeito a mudanças de estilo; e as 3 restantes formavam a palavra "luz", que foi acrescentada no versículo 11.

Em outras palavras, a maior descoberta de manuscritos de todos os tempos revelou que mil anos de cópias do Antigo Testamento haviam produzido variações bem pequenas, nenhuma das quais alterando o claro significado do texto ou colocando em dúvida a integridade fundamental do manuscrito.[78]

● ● ● ● ●

Se existem erros ou contradições aparentes em manuscritos copiados das Escrituras, três princípios ou regras fundamentais devem ser usados na investigação:[79]

---

[78] McDowell, Josh; McDowell, Sean. *The Unshakable Truth*, p. 96.
[79] Detalhes desses princípios podem ser encontrados no cap. 18 de *Novas evidências que exigem um veredito*, Hagnos.

1. Aborde as Escrituras da mesma forma que qualquer outra literatura antiga, concedendo o benefício da dúvida ao documento em si e não fazendo críticas.
2. Tenha a mente aberta.
3. Submeta o texto a controles externos e objetivos.

# 55

## O Novo Testamento cita de forma errada o Antigo Testamento?

Os 39 livros do Antigo Testamento foram escritos para e sobre os filhos de Israel, ou a nação judaica. Alguns críticos alegam que os escritores do Novo Testamento distorcem passagens do Antigo Testamento e as descontextualizam para ajustá-las às suas visões sobre Jesus e seus ensinamentos. Quais são essas supostas distorções a que se referem os críticos?

Por exemplo:

- Mateus cita Isaías 7 ressaltando a profecia de que Jesus nasceria de uma virgem e seria chamado Emanuel (Mateus 7:14). Os críticos assinalam que uma leitura completa do capítulo 7 de Isaías demonstra ser mais provável uma referência ao nascimento de Ezequias, que se tornou um rei piedoso de Israel.
- Oseias, o profeta, diz que, quando Israel era menino, Deus o amou e *do Egito chamei o meu filho* (Oseias 11:1). Todos sabemos que Deus realmente chamou seu povo do Egito. Todavia, Mateus afirma que essa profecia falava sobre José e Maria tirando Jesus do Egito e retornando posteriormente. Eles fizeram isso para escapar do decreto de Herodes que ordenava a matança de todos os recém-nascidos do sexo masculino em Belém.

- E depois os críticos dizem que Mateus cita Jeremias a respeito do choro de Raquel por causa de seus filhos mortos. Todavia, o escritor do Novo Testamento alega que essa era uma referência às mães do século 1 chorando depois da ordem de Herodes para que os bebês do sexo masculino nascidos em Belém fossem mortos.

Os escritores do Novo Testamento são acusados de distorcer e descontextualizar passagens do Antigo Testamento como essa a fim de reforçar sua estratégia de disseminação do cristianismo. Os escritores dos Evangelhos e das epístolas parecem tomar certas liberdades com textos do Antigo Testamento a fim de estabelecer sua religião totalmente nova. Isso é verdade?

## O contexto irrevogável de Deus

O que os críticos negligenciam é que Jesus veio para cumprir a promessa de Deus a Israel e prover meios para que todos os seus filhos perdidos pudessem ser redimidos. Isso significa que muitas das profecias e promessas a Israel foram prefigurações do plano de Jesus para levar Israel e sua igreja ao seu reino eterno.

Jesus veio estabelecer seu reino, e foi ele quem disse: *Não penseis que vim abolir a Lei ou os Profetas; não vim abolir, mas cumprir* (Mateus 5:17). Jesus foi a realização de tudo o que os profetas e a lei ensinaram. Ele foi o cumprimento da mensagem de Deus a Israel, e, por esse motivo, devemos entender o Antigo Testamento à luz de Jesus.

Por isso, Mateus e outros escritores do Novo Testamento não distorceram ou descontextualizaram as passagens do Antigo Testamento. Ao contrário, eles compreenderam como Deus tinha inspirado seus escritores a compreendê-las — Israel foi o meio de Deus trazer salvação ao mundo, e Jesus foi o cumprimento literal de seu plano magistral e misericordioso. Jesus foi o verdadeiro Filho chamado do Egito que Israel fracassou em ser. Não foi um erro de interpretação de Oseias 11:1. Isaías de fato predisse que uma criança nasceria para libertar Israel. Ezequias foi apenas uma salvação temporária para o povo de Deus. Deus revelou por meio de Mateus que Jesus era a salvação permanente não apenas para Israel, mas para o mundo todo.

Uma vez que Jesus subiu ao céu e enviou seu Espírito Santo, ele abriu a mente e o coração do seu grupo de seguidores. E eles viram que Jesus era a personificação ou dos eventos do Antigo Testamento e das imagens que Deus lhes dera tantos anos antes.

Os apóstolos receberam poder pelo Espírito Santo com as palavras inspiradas por Deus para revelar seu plano, formado mesmo antes da fundação do mundo. O apóstolo Paulo disse:

> *E como por revelação me foi manifestado o mistério [...] que em outras gerações não foi manifestado aos homens, da forma como se revelou agora no Espírito aos seus santos apóstolos e aos profetas. Isto é, que os gentios são coerdeiros, membros do mesmo corpo e coparticipantes da promessa em Cristo Jesus por meio do evangelho.* (Efésios 3:3,5,6)

Os escritores do Novo Testamento não citaram erroneamente passagens do Antigo Testamento — eles simplesmente deram a elas o contexto planejado por Deus, ou seja, centrado em Cristo.

# 56

## Como sabemos se a Bíblia que existe hoje é verdadeiramente a Palavra de Deus?

Hoje nossa Bíblia completa é composta por 39 livros do Antigo Testamento e 27 livros do Novo Testamento. Mas como sabermos se esses são livros inspirados que Deus preparou para nós? Quem decidiu quais livros fariam parte da Bíblia? Talvez alguns livros inspirados por Deus tenham sido esquecidos. Como saber que temos todos os escritos que foram inspirados por Deus?[80]

### O processo do cânon

Determinar quais textos foram inspirados por Deus não foi um evento específico, e sim um processo que se desenrolou ao longo do tempo. Levou certo tempo até que se reconhecessem quais textos eram inspirados por Deus e se estabelecesse um processo para saber com certeza quais livros refletiam a Palavra de Deus. Os 66 livros aceitos como palavra inspirada de Deus são chamados de o *cânon* das Escrituras. O termo *cânon* vem da palavra grega *kanon*, que significa "padrão" ou "princípio". Em outras palavras, houve um padrão elevado ou um instrumento de medida para julgar um texto "inspirado por Deus".

---

[80] Veja "O que significa a Bíblia ser inspirada?", p. 203.

Contrariamente ao que dizem alguns críticos modernos, os judeus e os líderes da igreja primitiva não criaram o cânon. Em outras palavras, um grupo de líderes religiosos não determinou quais livros seriam chamados de Escrituras, a Palavra inspirada de Deus. Ao contrário, esses líderes apenas reconheceram ou descobriram quais livros eram "inspirados por Deus" desde seu início. Quer dizer, um escrito não recebeu a autoridade de ser parte das Escrituras porque os judeus ou os líderes cristãos o aceitaram como tal. Em vez disso, o texto foi aceito pelos líderes e pelo povo porque estava claro para eles que o próprio Deus havia conferido ao texto sua autoridade divina.

## Princípios orientadores para o reconhecimento

Com base no que encontramos na história bíblica e da igreja, podemos identificar pelo menos quatro princípios orientadores que qualificaram uma carta ou um livro para serem reconhecidos como texto divinamente inspirado.

1. A autoria do texto foi atribuída a um profeta ou apóstolo de Deus ou a alguém ligado a eles.
2. A mensagem do livro era consistente com o que já havia sido revelado a respeito de Deus.
3. A composição literária evidenciou a presença confirmadora de Deus.
4. O livro foi amplamente aceito pela igreja desde o começo.[81]

Tão cedo quanto o ano 300 a.C. e certamente não depois de 150 a.C., todos os 39 livros do Antigo Testamento haviam sido escritos, reunidos e oficialmente reconhecidos como livros canônicos.[82] O texto

---

[81] McDowell, Josh. *More Evidence That Demands a Verdict*, p. 21-2.
[82] McDowell, Josh. *More Evidence That Demands a Verdict*, p 26.

hebraico desses 39 livros foi originariamente dividido em 24 livros: 5 livros da Lei (de Moisés), 8 livros proféticos e 11 escritos.

Não poderia haver maior autoridade dada ao Antigo Testamento do que a do próprio Jesus. Ele o citou repetidas vezes, e seus ensinamentos nele se baseavam. Certa ocasião, Jesus afirmou: *Era necessário que se cumprisse tudo o que estava escrito sobre mim na Lei de Moisés, nos Profetas e nos Salmos* (Lucas 24:44). Para confirmar sua aceitação de todo o cânon do Antigo Testamento, Jesus fez referência ao primeiro e ao último mártir em seu texto, ao dizer *desde o sangue de Abel, até o sangue de Zacarias* (Lucas 11:51). Ele estava se referindo a todo o espaço de tempo, desde o primeiro livro, Gênesis, até Crônicas, que era o último livro na sequência hebraica do Antigo Testamento. (Visto que hoje temos registrados os 24 livros do texto hebraico e os dividimos em 39, foi como se Jesus houvesse dito "de Gênesis a Malaquias.") Jesus confirmou claramente a autoridade e a inspiração do cânon hebraico.

Logo depois que Paulo escreveu suas epístolas, elas foram reconhecidas pela igreja primitiva como inspiradas por Deus. O apóstolo Pedro reconheceu isso e declarou, em 2Pedro 3:15,16, que considerava as cartas de Paulo pertencentes à categoria de Escrituras. Os Pais da Igreja, do século 1 e 2, como Clemente de Alexandria, Inácio e Policarpo, também reconheceram a autoridade dos escritos que compõem o Novo Testamento.

Por volta dos anos 200 e 300, os presbíteros da igreja começaram a estabelecer critérios para reconhecer os escritos dos apóstolos como inspirados por Deus. Em 367 d.C., Atanásio de Alexandria forneceu a primeira lista oficial dos 27 livros do Novo Testamento que temos hoje. E, por volta de 300 d.C., chegou-se ao consenso. Todos os 27 livros foram canonizados pelos concílios de Hipona (393 d.C.) e Cartago (397 d.C.). Lembremos que não se tratou de um grupo de presbíteros da igreja autorizando uma coleção de escritos religiosos

— ao contrário, eles estavam reconhecendo que aquela coleção de livros era autorizada por Deus.

● ● ● ● ●

É claro que várias outras cartas, escritos e livros circularam na comunidade judaica e na igreja primitiva. Mas esses registros não foram reconhecidos como Escrituras. Por que eles não foram incluídos na Bíblia? E por que não estamos ainda acrescentando escritos espirituais à nossa Bíblia hoje? Isso será abordado na pergunta seguinte.

# 57

## Alguns livros inspirados foram excluídos da Bíblia atual?

Mais de cem anos antes de Cristo nascer, todos os 39 livros do Antigo Testamento haviam sido escritos, reunidos e oficialmente reconhecidos pelos líderes judeus como Escrituras inspiradas por Deus (ou seja, textos canonizados). Por volta do fim de 300 d.C., os 27 livros do Novo Testamento foram reconhecidos como inspirados por Deus.[83] Mas será que houve alguns bons escritos espirituais talvez inspirados por Deus e que acabaram sendo negligenciados ou excluídos da Bíblia oficial? Se isso aconteceu, por que aconteceu? E por que Deus não continua inspirando pessoas a escreverem sua Palavra hoje?

### O que é "inspiração"?

Muitas pessoas ao longo da história escreveram livros e cartas espiritualmente inspirados. Mas existe uma boa razão pela qual esses registros não são considerados iguais às Escrituras. E é verdade que o Espírito Santo está vivo hoje e orienta pessoas para escreverem literatura inspiradora. Mas os líderes judeus e da igreja há muito tempo concluíram que o período chamado de inspiração e revelação especial de Deus é passado.

---

[83] Veja "Como sabemos se a Bíblia que existe hoje é verdadeiramente a Palavra de Deus?", p. 219.

Deus falou diretamente por meio de seus profetas no Antigo Testamento nos tempos remotos para revelar a si mesmo. O escritor do livro de Hebreus, no Novo Testamento, disse: *No passado, por meio dos profetas, Deus falou aos pais muitas vezes e de muitas maneiras; nestes últimos dias, porém, ele no falou pelo Filho* (Hebreus 1:1,2). E, uma vez que Deus entregou sua mensagem completa por meio dos seus profetas, ele "fechou o livro" sobre o Antigo Testamento. No início dos anos 300 d.C., todos os 39 livros do Antigo Testamento eram considerados a completa revelação de Deus ao povo judeu.

Jesus confirmou a perfeição e a autoridade de toda a Escritura hebraica (os 39 livros do nosso Antigo Testamento atual) quando disse que *era necessário que se cumprisse tudo o que estava escrito [...] na Lei de Moisés, nos Profetas e nos Salmos* (Lucas 24:44). Jesus estava se referindo a todo o Antigo Testamento hebraico. Ele nunca citou outro texto que não fossem os 39 livros do Antigo Testamento para indicar que havia outra literatura inspirada por Deus. E, ao aplicar a expressão *em todas as Escrituras* (Lucas 24:27) com relação ao Antigo Testamento, Jesus mostrou que aceitava o mesmo cânon judaico completo que era adotado pelo judaísmo da época.

O Novo Testamento está centrado na revelação de Deus por meio de seu Filho, Jesus Cristo, como foi escrito por seus apóstolos. Obviamente, o melhor e mais exato escrito sobre Jesus e tudo o que ele revelou seria feito por aqueles que tiveram contato direto com ele. Portanto, os homens inspirados por Deus para revelar a verdade sobre seu Filho e sua mensagem seriam ou testemunhas oculares, ou conheceriam quem havia pessoalmente ouvido a mensagem do evangelho. Ao final do século 1, ficou claro para a igreja primitiva que a revelação especial de Deus e a inspiração das Escrituras estavam concluídas.

Assim, a "inspiração" que Deus dá aos escritores hoje não é uma revelação especial de si mesmo, e sim uma reflexão sobre o que foi dado nas Escrituras inspiradas. Quando comparamos as Escrituras ao que as pessoas escrevem e ensinam hoje, podemos saber se isso é de fato a verdade de Deus.

## Os textos apócrifos

Ainda no início surgiram alguns escritos que alguns acreditaram ser Escrituras "inspiradas de Deus". Depois que o cânon do Antigo Testamento foi reconhecido por líderes judeus e oficialmente encerrado, certos textos de natureza espiritual permaneceram ou surgiram. Hoje esses escritos são conhecidos como *textos apócrifos*, que significa "aqueles que estão ocultos".

Na tradução da Septuaginta grega do texto do Antigo Testamento, algumas pessoas acrescentaram 14 livros aos 39 livros canonizados. Esses 14 livros — os apócrifos — não foram aceitos pela igreja primitiva, mas acabaram sendo incluídos no Antigo Testamento pela Igreja Católica Romana em 1546 d.C.[84]

Esses livros apócrifos surgiram entre cerca de 200 a.C. e o século 2 d.C.[85] São eles:

- 1Esdras
- 2Esdras
- Tobias
- Judite
- Adições a Ester
- Sabedoria de Salomão
- Eclesiástico
- Baruque
- Susana

---

[84] Veja "A Bíblia católica romana é diferente da Bíblia protestante?", p. 290.
[85] Para mais detalhes sobre esses 14 livros, veja o cap. 2 de *More Evidence That Demands a Verdict*.

- Bel e o dragão (adições a Daniel)
- O cântico dos três jovens hebreus (adições a Daniel)
- A oração de Manassés
- 1Macabeus
- 2Macabeus

Os livros apócrifos não fazem parte da Bíblia protestante hoje por boas razões. Por exemplo, nenhum dos 14 livros apócrifos do Antigo Testamento reivindica inspiração divina — na verdade, alguns realmente a rejeitam. Vários historiadores confiáveis, filósofos e tradutores como Josefo, Filo e Jerônimo os rejeitam. Eles nunca foram citados como Escrituras no Novo Testamento. E os Pais da Igreja os excluíram por completo.

### O caso do Novo Testamento

E quanto ao Novo Testamento — foram excluídos certos livros ou cartas que alguns consideravam Escrituras? Ao final do século 1, as epístolas de Paulo e os quatro Evangelhos foram amplamente aceitos pela nova igreja cristã como divinamente inspirados. O próprio Pedro escreveu por volta de 65 d.C. que todos os escritos conhecidos de Paulo pertenciam à categoria de Escrituras (veja 2Pedro 3:15,16). Contudo, por volta da metade do século 2, houve um crescente número de outros escritos que ganharam a atenção, e algumas pessoas questionaram se esses textos eram também inspirados por Deus. Eles se tornaram conhecidos como apócrifos do Novo Testamento e escritos gnósticos (ou seja, relacionados ao conhecimento).

Entretanto, os escritos gnósticos foram rejeitados pela igreja primitiva porque contradiziam largamente os Evangelhos e as epístolas de Paulo. Entre eles, estavam o *Evangelho da Infância de Tomé*, o *Evangelho de Judas*, o *Evangelho de Pedro* e o *Evangelho de Tomé*. Esses escritos ensinavam que havia muitos criadores; que a ignorância — não o pecado — é o problema fundamental; e que a salvação se dava pelo "conhecimento espiritual" apenas para algumas pessoas. Um escritor gnóstico descreve um Jesus jovem batendo em outras crianças por esbarrarem nele.

Assim, em fins do ano 300, quando os Pais da Igreja estabeleceram meios claros para reconhecer a autorizada Palavra de Deus, essas obras já tinham sido rejeitadas havia muito tempo. Em 367 d.C., Atanásio de Alexandria apresentou a primeira lista oficial dos 27 livros do Novo Testamento que temos hoje. E, por volta de 397 d.C., os concílios eclesiásticos de Hipona e Cartago também os aceitaram.

# 58

## Como ensinos de antigas culturas da Bíblia podem ser relevantes para nós hoje?

Convenhamos, a Bíblia foi escrita numa época e num lugar bem diferentes do Ocidente em que vivemos no século 21. Os costumes, tradições e cultura em geral não estavam nem perto daquilo que praticamos hoje. As situações que eles enfrentavam e as formas pelas quais lidavam com os assuntos da vida simplesmente não têm nenhuma relação conosco. Então, como os ensinos da Bíblia podem ser relevantes para a sociedade moderna?

É verdade que o Antigo Testamento foi escrito de 2:500 a mais de 3 mil anos atrás. O Novo Testamento foi escrito por volta de 2 mil anos atrás. As culturas eram diferentes; não há dúvidas sobre isso. O que as pessoas faziam e como elas se expressavam não se parecem nada com o nosso mundo moderno.

É também verdade que o Novo Testamento, por exemplo, mandou que os homens saudassem seus irmãos em Cristo com "beijo santo". O texto instruiu os donos de escravos sobre como tratar seus escravos e como os escravos deveriam responder a seus donos. Durante os tempos bíblicos, a filha era dada ao homem em casamento arranjado, e as esposas não tinham direitos legais.

No entanto, com todas essas diferenças culturais, a Bíblia ainda é extremamente relevante para nós hoje. Isso se deve a tudo o que se relaciona à sua essência.

## Uma revelação relacional

A Bíblia é uma revelação de Deus à humanidade. Ela explica quem ele é, como ele é, quanto ele é apaixonado por um relacionamento conosco, quem somos nós, por que estamos aqui, por que estamos separados dele e como podemos restaurar o nosso relacionamento com ele. A Bíblia apresenta uma visão da vida muito diferente da que nós, humanos, temos. Ela apresenta a visão do mundo do ponto de vista de Deus — sua cosmovisão, para ser exato. (*Cosmovisão* é o que presumimos ser verdade sobre a composição básica do mundo.) E é a cosmovisão dele que Deus quer que abracemos.

A Palavra de Deus atinge o nível profundo da cosmovisão de uma pessoa. É onde as crenças são formadas, os valores são estabelecidos e os relacionamentos com Deus e com as outras pessoas são definidos. É nesse nível que são feitas as escolhas. O texto hebraico e todos os ensinos de Jesus visam esse nível de cosmovisão. A cultura, então, não está em questão, e sim a maneira pela qual os humanos respondem à mensagem da cosmovisão de Deus. As Escrituras deixam à escolha individual ter um relacionamento com Deus, aceitar sua cosmovisão e viver no ambiente e nas circunstâncias de cada pessoa. Isso torna a Bíblia relevante para qualquer cultura.

Uma vez que a Bíblia trata do relacionamento com Deus e de experimentar sua cosmovisão, ela é transcultural. A verdade sobre Deus e a realidade deste mundo que ele criou é universal e relevante para todas as pessoas, em todas as culturas, em todas as épocas. Em última análise, então, o objetivo do leitor da Bíblia deve ser compreender o que Deus está lhe dizendo pessoalmente — como as Escrituras são relevantes e aplicáveis à sua vida no mundo presente.

## Contexto histórico

Interpretar e compreender a relevância das Escrituras para a nossa vida envolve dois passos. O primeiro é *determinar o que as passagens específicas significavam para os que originariamente as falaram ou escreveram e o que significavam para os que as ouviram ou as leram.* É aí que o cenário histórico ou cultural se torna importante. Pelo fato de a Bíblia ter sido escrita em vários períodos de tempo, precisamos compreender seu contexto histórico. A maneira pela qual determinada verdade se aplica a nós precisa ser entendida por meio das atitudes, cenário, estilo de vida e estrutura política dos tempos em que ela foi escrita. Nós começamos a compreender a Bíblia quando aprendemos o que foi dito, quem o disse, como isso foi dito, onde foi dito, quando foi dito e por que razão foi dito.

Nesse primeiro passo, precisamos lembrar que nada dito ou escrito nas Escrituras foi dito ou escrito a nós que vivemos no século 21. Moisés e os profetas falaram aos filhos de Israel. Jesus falou aos seus discípulos, às multidões e a vários indivíduos. Quando os apóstolos escreveram os Evangelhos e quando Paulo, Pedro, Tiago e outros escreveram os outros livros do Novo Testamento, eles se dirigiram a determinados ouvintes ou leitores da sua época. É improvável que qualquer um dos autores das Escrituras compreendesse que dali a dois ou 3 mil anos seus escritos existiriam como Bíblia sagrada autorizada para o mundo inteiro ler.

A verdade é que eles escreveram o que escreveram num contexto histórico e para uma audiência consideravelmente diferente da nossa hoje. No entanto, embora as palavras das Escrituras possam não ter sido escritas especificamente *para nós* do século 21, isso não significa que não foram escritas *para* nós também, tanto quanto para os destinatários originais. Uma vez que Deus revelou a si mesmo e à sua verdade a uma audiência específica, num tempo específico da história, nossa primeira tarefa é interpretar o que ele pretendeu lhes comunicar naquela época.

## A verdade relevante

Mas então vem o segundo passo muito importante: *compreender qual verdade universal e relevante Deus nos está revelando agora.* Lembre-se de que a Bíblia não é uma obra literária comum. É a Palavra viva proveniente do Deus vivo. E sua Palavra é relevante para cada pessoa que vive hoje e aplicável a cada um em todas as situações da vida, não importa qual seja o ambiente cultural. O escritor do livro de Hebreus disse:

> *Porque a palavra de Deus é viva e eficaz, mais cortante que qualquer espada de dois gumes; penetra até o ponto de dividir alma e espírito, juntas e medulas, e é capaz de perceber os pensamentos e intenções do coração. E não há criatura alguma encoberta diante dele; antes todas as coisas estão descobertas e expostas aos olhos daquele a quem deveremos prestar contas.* (Hebreus 4:12,13)

A verdade da Palavra de Deus transcende a história, as culturas, os costumes, as línguas e a linha do tempo. Por isso, quando estamos tentando compreender o que Deus quis que as pessoas soubessem quando ele lhes deu sua Palavra, também estamos desejando compreender o que ele quer que saibamos hoje em nossa vida. Precisamos lembrar que as Escrituras constituem um documento sempre vivo, tornado real pelo Espírito Santo. Paulo disse que podemos conhecer essas coisas porque Deus *revelou-as a nós pelo seu Espírito. Pois o Espírito examina todas as coisas, até mesmo as profundezas de Deus* (1Coríntios 2:10).

O apóstolo Paulo prossegue afirmando ter dito palavras que lhe foram dadas pelo Espírito, *comparando coisas espirituais com espirituais* (1Coríntios 2:13). Há verdades do Antigo e do Novo Testamentos que o Espírito Santo quer aplicar a nós. Nossa resposta pode, então, ser: "Deus, o que queres que eu experimente das palavras do teu livro? O meu coração está aberto. Ajuda a verdade das Escrituras a penetrar no meu íntimo". A Bíblia é real e relevante hoje em todas as culturas porque Deus, o autor do livro, é real e relevante para toda a sua criação.[86]

---

[86] Para saber mais sobre como a Bíblia é relevante e como você pode experimentá-la, leia *How to Experience Your Bible*.

# 59

## Por que a Bíblia é tão mal interpretada?

A Bíblia procede de Deus, por isso você pode pensar que, quando os cristãos a leem, deveriam todos receber a mesma mensagem. Mas existem variados ensinamentos procedentes da Bíblia porque as pessoas a interpretam mal. Qual é a principal causa dessa interpretação equivocada? Como é possível que cristãos honestos à procura da verdade possam interpretar mal o significado da Palavra de Deus?

Existem várias razões para isso. E todos nós precisamos aprender como interpretar corretamente a Palavra.[87] Mas existem dois erros cruciais que as pessoas geralmente cometem quando tentam interpretar o significado da Bíblia:

- Elas tomam versículos ou palavras das Escrituras fora do contexto.
- Elas aplicam ao texto seu ponto de vista ou suas emoções.

E, quando isso acontece, nós interpretamos mal o significado e a mensagem da Palavra de Deus.

### Falta de contexto

Imagine você andando ao meu lado (Sean) enquanto converso com três dos meus quatro amigos. Você me ouve dizer:

---

[87] Veja "Como interpretar corretamente a Bíblia?", p. 239.

— Não, semana que vem vou deixar Stephanie. Scottie ficará com ela.

Você não se detém para saber mais a respeito, mas conta para um de seus amigos. O que segue é o que você diria.

— Você sabe da última sobre Sean e Stephanie McDowell?

— Não — responde o seu amigo. — O quê?

— Acabei de ouvir Sean dizer que ele vai deixá-la e que ela ficará com a custódia do filho deles.

Chocado, o seu amigo dá uma olhada na minha direção.

— Inacreditável! Aí está outro daqueles conferencistas cristãos que está sempre enfatizando o relacionamento e não vive a própria mensagem que prega. Realmente é uma vergonha!

O que aconteceu realmente? Você interpretou corretamente minhas palavras? Você deve ter me ouvido corretamente porque eu de fato disse que deixaria minha esposa na semana seguinte e que Scottie, nosso filho, ficaria com ela. Mas o que você não ouviu foram as frases ditas antes e depois. Aqui estão as palavras no contexto:

— Você deve estar animado com a próxima turnê de palestras no Canadá — diz o meu amigo.

— Sim, estou realmente ansioso por isso — eu respondo.

— Você parte no final desta semana, certo? Scottie vai com você?

— Não, semana que vem deixo Stephanie — respondo. — Scottie vai ficar com ela. — Então faço uma pausa. — Vou estar fora apenas uma semana, por isso não será tão difícil para nós. Na verdade, eu detesto ficar longe da família.

O detalhe é que podemos omitir o verdadeiro significado do que é dito ou escrito quando tomamos palavras fora do contexto. A interpretação correta requer um contexto correto. Podemos manter as Escrituras dentro do contexto quando compreendemos o cenário da passagem — o que vem imediatamente antes e o que vem depois de um versículo. Seja numa declaração como "Vou deixar Stephanie", seja numa passagem das Escrituras que isolamos e não a compreendemos dentro de toda a narrativa, corremos o risco de interpretar mal o significado.[88]

### Aplicando seu ponto de vista

Outra importante razão pela qual as pessoas interpretam mal a Bíblia é que elas aplicam o próprio ponto de vista a uma passagem. Às vezes, as pessoas são culpadas por usar versículos bíblicos apenas para confirmar sua opinião. E, quando descontextualizamos um ou mais versículos, podemos apoiar qualquer opinião. Além disso, por vezes a experiência passada e os relacionamentos doentios de uma pessoa a impedem de fazer interpretações corretas.

As coisas que você tem feito ou os relacionamentos que você tem vivido, especialmente com seus familiares, desempenham um papel crítico na formação de sua visão de si mesmo e de sua vida. E essa formação quase sempre afeta negativamente como você aborda e interpreta pessoalmente a Bíblia — porque a maneira como você se relacionou com seus pais e como eles se relacionaram com você influencia significativamente sua percepção de Deus. Por exemplo, se você foi criado por pais autoritários e vivenciou grande desaprovação ou indiferença da parte deles, provavelmente projetará esses sentimentos no seu relacionamento com Deus. Naturalmente você levará essas lentes distorcidas para a sua leitura das Escrituras e acabará vendo Deus como uma figura autoritária e distante.

Para mim (Josh), ter crescido num lar com um pai alcoólatra contaminou fortemente minha visão a respeito de Deus, das Escrituras e da vida cristã e, por consequência, acabei interpretando mal algumas passagens da Bíblia. Veja, desenvolvi um padrão de pensamento

---

[88] McDowell, Josh; McDowell, Sean. *Experience Your Bible*. Eugene: Harvest, 2012, p. 9.

e comportamento que me tornou alguém que os psicólogos chamam de "resgatador". Sempre que eu via meu pai ferir minha mãe, eu entrava em cena e tentava impedi-la de ser machucada. Isso se tornou um padrão psicológico e emocional vitalício para mim. Eu sempre tentava resgatar pessoas feridas em situações de dificuldade.

Quando me tornei cristão, mantive esse padrão comportamental doentio, embora não me desse conta de que era doentio. Sempre que eu via alguém fazendo mal, minha compulsão protestava. Mas eu não sabia que se tratava de uma compulsão; eu pensava tratar-se de compaixão. Eu pensava estar demonstrando o amor de Deus. Quando li a passagem *Levai os fardos uns dos outros e assim estareis cumprindo a lei de Cristo* (Gálatas 6:2), pensei que isso significava ser emocionalmente responsável por resolver os problemas das pessoas, tirando delas qualquer que fosse seu fardo. Eu pensava estar cumprindo a "lei de Cristo" e agindo como ele agia. Na realidade, eu estava me prejudicando e, em muitos casos, prestando um desserviço a essas pessoas. Tudo isso estava se reforçando em minha vida porque eu estava interpretando mal a Palavra de Deus ao olhar por meio de minhas lentes desfocadas do "resgate".

Procurei ajuda de outras pessoas para que pudesse ver essa passagem claramente. Aprendi que as Escrituras não ensinavam que levar o fardo de alguém significava assumir a responsabilidade pelo problema ou ferimento daquela pessoa. Ao contrário, significava andar junto e gentilmente ajudar uma pessoa a carregar o próprio peso. Levar as cargas dos outros não significa *assumir a responsabilidade por seus problemas*; significa *ser responsável diante delas* — confortar, encorajar e apoiá-las em sua dor ou dificuldade.

Sim, Gálatas 6:2 nos diz que devemos *levar os fardos uns dos outros*. A chave para minha virada foi a passagem que descobri apenas três versículos adiante. Gálatas 6:5 declara: *Porque cada um carregará o seu próprio fardo.*

Ora, isto pode parecer confuso a princípio, mas se ajusta quando percebemos que existe uma importante diferença entre "responsabilidade" e "fardo, carga". A palavra grega para *fardo* é *baros*, que denota um grande peso. Jesus usou essa palavra quando descreveu os trabalhadores na vinha que tinham suportado *a fadiga do dia inteiro e o calor intenso* (Mateus 20:12). Esse foi um pesado fardo a carregar.

Todos nós enfrentamos situações que pesam sobre nós, e Deus fica satisfeito de que outros experimentem Gálatas 6:2 conosco, andando ao nosso lado para nos apoiar em nossa dificuldade. Pense na imagem de um homem carregando uma pesada trave nos ombros. Agora observe quando dois amigos chegam perto dele. Eles colocam seus ombros um em cada lado da trave e o ajudam a levantar sua carga. Esse é o quadro aqui. Quando estamos sobrecarregados por um ferimento, uma enfermidade, a perda de um emprego ou de um ente querido, precisamos de apoio; precisamos que outros nos ajudem a levantar nosso fardo pesado.

No versículo 5, porém, Paulo usa uma palavra diferente. Ao afirmar que *cada um carregará o seu próprio fardo* (Gálatas 6:5), ele emprega o termo grego *phortion*, que se refere a algo de pouco peso que é carregado, como a bolsa com suprimento que um soldado do século 1 carregava no campo. Um termo mais natural é dado na tradução *New Living Translation*: *Cada um de nós é responsável por sua própria conduta* (Gálatas 6:5). Em outras palavras, essa carga é incumbência sua, e levá-la é de sua inteira e exclusiva responsabilidade. É a mesma ideia que Paulo estava transmitindo quando disse: *Assim, cada um de nós dará conta de si mesmo a Deus* (Romanos 14:12).

Todos nós temos responsabilidades pessoais e, quando deixamos de cumpri-las — fazendo um julgamento ruim, tomando decisões erradas ou cultivando atitudes negativas —, devemos enfrentar as consequências. Interferir e remover as consequências naturais e corretivas do comportamento irresponsável das pessoas pode privá-las de lições valiosas — lições que podem ser cruciais para seu crescimento e maturidade.[89]

• • • • •

Interpretamos mal a Bíblia quando tomamos palavras ou até mesmo versículos fora do contexto e quando aplicamos nosso ponto de vista ou nossas emoções disfuncionais ao texto. Há um meio correto de interpretar a Palavra de Deus, que requer um estudo cuidadoso e um processo específico. Discutiremos isso na pergunta seguinte: "Como interpretar corretamente a Bíblia?"

---

[89] McDowell, Josh; McDowell, Sean. *Experience Your Bible*, p. 68-70.

# 60

## Como interpretar corretamente a Bíblia?

A Bíblia ensina muitas verdades e doutrinas. Quando Deus inspirou seus profetas e apóstolos, sem dúvida quis que entendêssemos *um* único e claro significado pretendido. O apóstolo Pedro disse que *nenhuma profecia das Escrituras é de interpretação particular* (2Pedro 1:20). Assim, todos nós precisamos buscar o significado objetivo — a interpretação de Deus — de cada doutrina ou verdade das Escrituras. É por isso que Paulo desafiou cada um a ser *aprovado [...] que maneja bem a palavra da verdade* (2Timóteo 2:15). Nossa tarefa como cristãos é interpretar as palavras das Escrituras para compreendermos o significado originariamente pretendido. Então, como interpretarmos corretamente a Bíblia para saber o que Deus teve intenção que soubéssemos?

• • • • •

Interpretar os ensinamentos das Escrituras corretamente requer extrair o significado de Deus. Não devemos criar nossos significados ou ler um texto da maneira que *nós* pensamos que ele esteja nos ensinando. Quando as pessoas aplicam sua visão particular sobre uma passagem, não é difícil perceber que acabaremos tendo pontos de vista diferentes e contraditórios sobre uma verdade específica.⁹⁰ Mas muito disso pode ser evitado se seguirmos um processo para descobrir o significado de Deus. Esse processo chama-se *exegese*.

A palavra "exegese" vem do termo grego *exegeomai*, que significa "tornar conhecido, revelar o ensino, declarar tornando conhecido". A palavra é usada por João ao dizer que Jesus *revelou* Deus a nós (João 1:18).

Para interpretar adequadamente ou explicar e revelar o significado de uma passagem das Escrituras, devemos nos envolver no processo de exegese. Fazemos isso levantando várias perguntas sobre a passagem, como *o que, onde, por que como* etc. a fim de determinarmos as respostas. E no processo devemos fazer o seguinte:

1. Examinar o texto para compreendermos sua construção gramatical.
2. Compreender o significado das palavras individualmente — literalmente, figurativamente, culturalmente etc.
3. Descobrir o contexto histórico, incluindo autor, ambiente cultural, época etc.
4. Examinar a mensagem dentro do contexto dos parágrafos, capítulos, livros e de todo o escopo da verdade bíblica.
5. Compreender qual foi a verdade eterna aplicada a quem primeiro ela foi dirigida e depois compreender como essa verdade eterna se aplica a nós hoje.⁹¹

Interpretar adequadamente as Escrituras envolve várias ferramentas e disciplinas cuidadosamente empregadas.⁹² Por enquanto, vamos considerar resumidamente dois elementos-chave da interpretação

---

⁹⁰ Veja "Por que a Bíblia é tão mal interpretada?", p. 233.
⁹¹ Veja "Como ensinos de antigas culturas da Bíblia podem ser relevantes para nós hoje?", p. 228.
⁹² Para aprender mais a interpretar melhor a Bíblia, veja *Experience Your Bible*.

bíblica: compreender o significado das palavras e entender o contexto dessas palavras.

## O significado das palavras

A língua é composta por palavras, que são blocos construtores de ideias. E, quando juntamos palavras em parágrafos, elas se tornam unidades básicas de comunicação. Isso é verdade para qualquer obra literária. E a Bíblia é uma obra literária com palavras e parágrafos que comunicam a verdade de Deus a nós. Mas a forma como interpretamos essas palavras é importante, porque as palavras mudam de significado ao se associarem a outras palavras e frases. Então as palavras da Bíblia devem ser interpretadas literalmente, figuradamente, ou o quê? É aí que entra a compreensão do uso de metáforas e da gramática.

**Metáfora.** Parte da interpretação consiste em aplicar o bom senso, em vez de sempre tomar as palavras literalmente. Podemos compreender melhor as passagens se permitirmos que a linguagem fale de maneira normal, em vez de impormos certo tipo de padrão especial ou artificial para o uso da linguagem usada na Bíblia. Por exemplo, quando Jesus disse *Eu sou o pão da vida*, em João 6:35, será que ele se referia a um pão de grãos moídos, misturado com fermento e assado? Não, sabemos que ele estava falando no sentido metafórico de que ele provê sustento à nossa vida espiritual, assim como o pão provê sustento à nossa vida física. Mas, se tentarmos fazer uma leitura literal das metáforas bíblicas, interpretaremos mal seu verdadeiro significado. Como dissemos anteriormente, a Bíblia é literatura, e os mesmos princípios linguísticos se aplicam a ela e a outros escritos. Embora seja correto crer que a Bíblia é a verdade, devemos permitir que metáforas, símiles e analogias sejam o que são, e não forçá-las a serem literais.

**Gramática.** Ao interpretar uma passagem, devemos olhar não apenas para as metáforas, mas também dar atenção à gramática. A gramática envolve coisas como tempos verbais, perguntas, sequências, assuntos e objetivos. Esses elementos determinam a estrutura da linguagem e são fatores importantes para determinar o que está sendo exatamente dito. Compreender a raiz do significado das palavras nas Escrituras e seu uso gramatical ajuda-nos a interpretar a verdade que Deus quer que compreendamos.

## O significado das palavras dentro do contexto

Muitos ensinos errados e contraditórios entre as igrejas e os cristãos surgem quando as Escrituras são descontextualizadas. E, quando isso acontece, perdemos o verdadeiro significado do que Deus está nos dizendo.

**Contexto literário.** O contexto é importante para interpretar uma passagem. Para entender o contexto, precisamos conhecer o ambiente de uma passagem — o que vem imediatamente antes e o que vem depois. Você se lembra quando eu (Josh) iniciei a pergunta anterior contando minha dificuldade para compreender Gálatas 6:2? Não que eu tenha compreendido mal *Levai os fardos uns dos outros...* O problema era que eu estava vendo a frase fora do contexto. Quando li três versículos à frente e examinei as palavras gregas para "fardo" e "responsabilidade", pude compreender o versículo 2 dentro do contexto de toda a passagem.

Por isso, quando lemos uma passagem fora do contexto, corremos o risco de encontrar no texto um significado que simplesmente não existe. Os estudiosos chamam isso de *eisegesis*. Muitos erros de interpretação surgem de extrair das Escrituras um significado que simplesmente não existe. E muito disso pode ser evitado pela leitura contextualizada do texto.

Mas precisamos ver mais do que uns poucos versículos antes e depois de uma verdade bíblica para interpretá-la dentro do contexto. Precisamos vê-la dentro do contexto do capítulo e, de fato, da Bíblia toda. E é aí que entra em cena a referência cruzada.

A *referência cruzada* significa simplesmente o processo de comparar o assunto ou a palavra de um versículo dentro da Bíblia para descobrirmos tudo o que ela tem a dizer sobre o assunto. O poder da referência cruzada está em sua autoridade. Como estamos permitindo que as Escrituras interpretem as Escrituras, podemos confiar na correção de nossas descobertas.

Vários recursos estão disponíveis para nos ajudar a localizar referências cruzadas. Muitos estudos bíblicos apresentam referências cruzadas listadas numa coluna separada ao lado do versículo. Sua Bíblia também pode ter uma concordância. Outra ferramenta útil é uma cadeia de referência bíblica, que mostra referências marginais e índices de referências preparados para seguir determinado tema ao longo de toda a Bíblia.[93]

**Contexto histórico.** A Bíblia foi escrita em diferentes períodos históricos. As atitudes, o ambiente, o estilo de vida e a estrutura política de determinada época afetarão a compreensão de uma passagem. Portanto, para interpretar uma passagem bíblica, devemos vê-la dentro de seu contexto histórico e cultural. Como afirmamos antes, as Escrituras podem não ter sido escritas especificamente para *nós* do século 21, mas isso não significa que ela não foi escrita *em nosso favor*. Para compreendermos o que Deus está nos dizendo hoje, contudo, devemos compreender sua palavra dentro do seu contexto cultural e então aplicar sua verdade à nossa cultura e vida pessoal.

---

[93] Veja "Quais recursos são necessários para a interpretação correta da Bíblia?", p. 309.

Respostas surpreendentes sobre a **BÍBLIA**

● ● ● ● ●

Quando lemos a Bíblia, estamos entrando no passado. As Escrituras foram escritas num espaço de tempo de mais de 1:500 anos. Ao longo desse período, aconteceram significantes mudanças culturais, políticas e sociológicas. Quando compreendemos o significado das palavras e descobrimos seu contexto literário e histórico, somos capazes de entender melhor o que Deus está nos dizendo. E, quando o fazemos, o significado de sua Palavra pode ser revelado e aplicado à nossa vida.

## 61
### Como os cristãos sustentam doutrinas contraditórias da Bíblia e ainda permanecem unidos?

Existem centenas de denominações diferentes dentro do cristianismo, e todas alegam serem cristãs e doutrinariamente corretas. Todavia, há grande discrepância no que elas creem e pregam. Muitas dessas igrejas não cooperam nem trabalham juntas devido a suas diferenças. Essa é a forma correta de ser? Como os cristãos podem sustentar doutrinas contraditórias da Bíblia e ainda permanecer unidos? Ou sempre deve haver diferenças entre os cristãos e entre igrejas?

### Unidade no amor

Jesus instruiu seus discípulos a amarem uns aos outros. De fato, ele afirmou: *Nisto todos saberão que sois meus discípulos, se vos amardes uns aos outros* (João 13:35). A marca do verdadeiro seguidor de Cristo é o amor que ele cultiva pelos outros, especialmente a dedicação demonstrada para com outros irmãos em Cristo. Jesus orou por seus seguidores ao Pai celestial da seguinte forma: *Rogo [...] para que todos sejam um; assim como tu, ó Pai, és em mim, e eu em ti* (João 17:20,21). O apóstolo Paulo falou sobre a unidade do povo de Deus: *Há um só corpo e um só Espírito, como também fostes chamados em uma só esperança do vosso chamado; há um só Senhor, uma só fé, um só batismo; um só Deus e Pai de todos, que é sobre todos, por todos e está em todos* (Efésios 4:4-6).

Parece que o plano de Deus é que todos os cristãos que estão verdadeiramente seguindo Cristo e a Bíblia vivam em união uns com os outros. Então, qual é o problema?

É verdade que alguns cristãos condenam os outros por não crerem da mesma forma que eles. Mas muito mais simplesmente têm opiniões diferentes sobre certos ensinamentos bíblicos e não permitem que isso perturbe a união mútua.

Eu (Sean) estou em união com minha esposa, Stephanie. Mas temos gostos diferentes quando pensamos em carros; preferências diferentes em literatura; aprecio pratos diferentes dos dela; prefiro filmes de ação, enquanto ela gosta de romance; a lista poderia continuar indefinidamente. Vemos coisas de maneiras diferentes e vemos a vida de ângulos diferentes. Mas essa diversidade não nos divide — ao contrário, isso nos torna mais fortes como casal. E, quando de fato discordamos, concordamos em discordar. A força de Stephanie é quase sempre a minha fraqueza, e a fraqueza dela é com frequência a minha força. Nós nos complementamos dessa forma, e isso torna a nossa união ainda mais coesa.

Só porque os cristãos veem as coisas de forma diferente nas Escrituras, isso não significa que eles precisam estar em desacordo uns com os outros. E muitos grupos cristãos e igrejas com os quais trabalhamos se relacionam no espírito da liberdade cristã com aqueles que pensam diferente. Muitos cristãos que adotaram a teologia calvinista amam os wesleyanos arminianos. Os wesleyanos amam os calvinistas. Os pré-milenaristas amam os pós-milenaristas, e os pós-milenaristas amam os pré-milenaristas. Os batistas amam os nazarenos, e os luteranos amam os membros da Assembleia de Deus. Nem todos se relacionam com os outros na liberdade cristã, mas muitos, realmente muitos, o fazem. Sabemos que, mesmo depois de longo e honesto estudo das Escrituras, existem áreas que estão abertas a diferentes interpretações, e precisamos todos tomar cuidado para não sermos dogmáticos nessas áreas.

## Os fundamentos

No entanto, há certos ensinos bíblicos que são tão importantes e fundamentais que requerem uma clara concordância. Os apóstolos advertiram que falsos ensinos seriam abundantes (2Coríntios 11:13-14). E estabeleceram certos fundamentos da fé cristã que todos os seguidores de Cristo precisavam abraçar a fim de permanecer fiéis a ele. Um dos fundamentos era a respeito da pessoa de Jesus. *E todo espírito que não confessa Jesus não é de Deus* (1João 4:3). Os apóstolos deixaram claro que era necessário crer que Jesus era Deus na forma humana e que ele morreu para que pudéssemos ser restaurados ao relacionamento com Deus. Isso se tornou uma condição da unidade cristã na igreja primitiva.[94]

O apóstolo Paulo firmou outro fundamento da fé, ao declarar:

> *E, se Cristo não ressuscitou, a vossa fé é inútil e ainda estais nos vossos pecados. Logo, os que morreram em Cristo também estão perdidos [...] Mas, na verdade, Cristo ressuscitou dentre os mortos.* (1Coríntios 15:17,18,20)

A ressurreição física de Jesus foi a crença fundamental para os primeiros cristãos. Jesus disse:

> *Eu sou a ressurreição e a vida; quem crê em mim, mesmo que morra, viverá; e todo aquele que vive, e crê em mim, jamais morrerá* (João 11:25,26).

---

[94] Veja "Jesus realmente alegou ser Deus?", p. 149

Portanto, existem certos fundamentos a respeito dos quais deve haver acordo. Outros fundamentos incluem a crença no pecado original, a expiação pelo pecado feita por Cristo e a justificação pela fé.[95]

• • • • •

Como cristãos, precisamos estar unidos com irmãos em Cristo mesmo que tenhamos divergências sobre vários ensinos bíblicos que não estejam completamente claros. Esses não são fundamentos das verdades centrais da fé. Nessas situações, devemos dar liberdade aos nossos irmãos em Cristo. No que se refere aos fundamentos, porém, devemos concordar e, como Judas escreveu, *lutar pela fé entregue aos santos de uma vez por todas* (Judas 3).

E quando, à luz dos fundamentos, não se pode chegar a um acordo com os que alegam ser seguidores de Cristo, é adequado terminar a associação. Isso não pode ser feito facilmente ou com espírito reacionário. Ao contrário, deve ser feito em oração e num espírito de amor semelhante ao de Cristo. É importante estar numa igreja e entre seguidores de Cristo que ensinam e praticam os fundamentos da fé. E, quando você o faz, torna-se um vivo representante do amor de Cristo ao mundo ao seu redor.

Paulo escreveu à igreja de Filipos:

> *Portanto, se há em Cristo alguma exortação, alguma consolação de amor, alguma comunhão do Espírito, se há qualquer sentimento profundo ou compaixão, completai a minha alegria, para que tenhais o mesmo modo de pensar, o mesmo amor, o mesmo ânimo, pensando a mesma coisa.*
> (Filipenses 2:1,2)

---

[95] Para uma abordagem completa das doze verdades fundamentais do cristianismo, veja *The Unshakable Truth: How You Can Experience the 12 Essentials of a Relevant Faith*.

## 62

### Todas as leis do Antigo Testamento são obrigatórias para nós hoje?

O Antigo Testamento foi escrito para os filhos de Israel (o povo judeu). Por isso algumas pessoas dizem que a maior parte dele não se aplica aos cristãos hoje. Assim, embora possamos obter algumas boas histórias do Antigo Testamento, ele é realmente obrigatório aos cristãos?

● ● ● ● ●

Primeiro, é importante reconhecer que nem o Antigo nem o Novo Testamentos foram escritos para as pessoas que vivem no século 21. O público do Antigo Testamento eram os filhos de Israel, e o Novo Testamento foi escrito para um público judeu e gentio do século 1.[96] Mas isso não significa que a verdade das Escrituras não seja relevante ou obrigatória para nós hoje.

A Bíblia foi escrita dentro de certos contextos históricos, todos bem diferentes dos nossos. No entanto, embora as palavras das Escrituras possam não ter sido escritas especificamente para *nós*, isso não significa que não foram escritas *em nosso favor*. As Escrituras

---

[96] Veja "Como ensinos de antigas culturas da Bíblia podem ser relevantes para nós hoje?", p. 228.

são a verdade universal de Deus, aplicável a todas as pessoas, em todos os lugares, em todas as épocas. As mensagens tanto do Antigo quanto do Novo Testamentos transcendem a história, as culturas, os costumes, as línguas e o tempo. Por isso, para interpretarmos o que Deus nos está dizendo no século 21, precisamos primeiro identificar as verdades universais das Escrituras que foram aplicadas nos tempos antigos a fim de compreendermos de que forma elas se aplicam a nós hoje.[97]

Dito isso, o Antigo Testamento é rico em verdades que se aplicam a nós hoje. Entretanto, como afirmamos anteriormente, precisamos compreender seu contexto histórico para entender o seu significado para nós. Deus fez uma promessa a Abraão — um pacto — que incluía levantar uma nação e, por meio dos descendentes de Abraão, enviar um Salvador, o Redentor do mundo. E o Antigo Testamento é a história do fiel e amoroso relacionamento de Deus com seu povo, os filhos de Israel. Assim, é compreensível que certas promessas, condições e instruções a Israel não se apliquem a todo o mundo.

## O Antigo Testamento no contexto do Novo

Para compreendermos como a verdade do Antigo Testamento se aplica universalmente e aos cristãos hoje, porém, devemos interpretá-la dentro do contexto do Novo Testamento. O apóstolo Paulo disse:

> *Então, para que serve a lei? Ela foi acrescentada por causa das transgressões, até que viesse o descendente a quem a promessa havia sido feita, e foi ordenada por meio de anjos, pela mão de um mediador [...] Desse modo, a lei se tornou nosso guia para nos conduzir a Cristo, a fim de que pela fé fôssemos justificados. Mas, tendo chegado a fé, já não estamos sujeitos a esse guia.* (Gálatas 3:19,24,25)

---

[97] Veja "Como os cristãos sustentam doutrinas contraditórias da Bíblia e ainda permanecem unidos?", p. 245.

O que Paulo estava dizendo é que a lei foi nosso guia ou tutor. Foi como um professor que guia e instrui uma criança até que ela se torne adulta. A lei cumpriu seu propósito ao guiar o povo de Deus àquele que escreveria suas leis e caminhos no coração dos israelitas. Deus não quis que o povo ficasse concentrado nas leis e normas acima de tudo. Ele os queria concentrados num relacionamento com ele. Seguir os caminhos de Deus seria então um subproduto natural desse relacionamento. E tudo foi visto com clareza quando Jesus apareceu no palco da história humana.

Jesus deixou claro que *ele* era o contexto para interpretar o Antigo Testamento. Ele disse: *Não penseis que vim abolir a Lei ou os Profetas; não vim abolir, mas cumprir* (Mateus 5:17). Jesus realmente cumpriu as leis cerimoniais de Moisés e satisfez a justiça de Deus ao lidar com o nosso pecado.

**As leis cerimoniais** que Deus deu aos filhos de Israel tratavam de sacrifícios de animais, sacerdócio, um templo e inúmeras festas a serem observadas. Foram meios ou sistemas para lidar com o pecado e para satisfazer a natureza santa e justa de Deus. O Senhor quis que o seu povo desfrutasse um relacionamento com ele. O sistema de sacrifícios do Antigo Testamento era o meio de receber perdão e obter um relacionamento com ele em favor dos filhos de Israel. Mas esse sistema e seu perdão na verdade se baseavam na futura vinda de Cristo, que seria o sacrifício perfeito.

A razão pela qual não precisamos mais seguir as leis cerimoniais do Antigo Testamento é que o Filho de Deus se tornou nosso perfeito Cordeiro sacrificial para sempre (veja Hebreus 3-10). Foi o que Jesus quis dizer quando afirmou que ele cumpriu a lei. A lei exigia um substituto, um sacrifício perfeito para que obtivéssemos a nossa redenção. Ser obediente a um conjunto de normas e seguir um sistema de sacrifício e animais não era a solução. A fé no perfeito sacrifício de Jesus era a solução, e, claro, Cristo proveu isso. Por isso, seguir as leis cerimoniais dadas a Israel não é preciso ou necessário. É preciso aceitar Cristo como nosso sacrifício — e isso é necessário hoje.

**As leis civis.** O mesmo pode ser dito sobre o que conhecemos como as leis civis de Israel. Ao longo dos cinco primeiros livros do Antigo Testamento, os filhos de Israel não receberam apenas os Dez Mandamentos (a lei moral), mas detalhes sobre como a lei de Deus devia ser aplicada dentro da nação. Houve muitos detalhes que Deus ordenou a seu povo seguir, como seguir, quando seguir e quais seriam as consequências e a reparação para a desobediência. Embora aquelas leis fossem especificamente para os filhos de Israel e não houvesse a intenção de transferi-las para as nossas modernas leis civis, isso não significa que não devamos aprendê-las. Podemos certamente ver que Deus deseja um sistema de justiça. Ele quer que nós, seus seguidores, defendamos os fracos ou os que são maltratados (veja o livro de Tiago). As leis civis são precisas e necessárias para uma sociedade civil operar.

**A lei moral.** E certamente a *lei moral* do Antigo Testamento, frequentemente chamada de Dez Mandamentos, reflete a verdade universal de Deus para todos nós. Cada um dos Dez Mandamentos é repetido no Novo Testamento, com exceção da observância do sábado. E isso está, na realidade, repetido na verdade que, como corpo de Cristo, a igreja, devemos amar uns aos outros e adorar juntos. O escritor do livro de Hebreus exortou: *Não abandonemos a prática de nos reunir, como é costume de alguns, mas, pelo contrário, animemo-nos uns aos outros* (Hebreus 10:25). Portanto, certamente a lei moral do Antigo Testamento é obrigatória e aplicável a nós hoje.

• • • • •

Quando lemos o Antigo Testamento, devemos compreender a verdade de Deus dentro do contexto histórico dos filhos de Israel. E, quando o fazemos, torna-se claro como Deus quer que sua verdade eterna seja aplicada em nossa vida pessoal e na vida do mundo do século 21.

# 63

## Todas as festas judaicas bíblicas são significativas para os cristãos hoje?

O Antigo Testamento sempre mencionou festas que deveriam ser observadas pelos filhos de Israel. Sabemos que a lei cerimonial judaica com todo o seu sistema de sacrifícios foi cumprida em Jesus. Por isso, não nos é exigido, como cristãos, observarmos muitas festas judaicas. Mas várias dessas festas são significativas para os cristãos hoje? Elas têm importância para os ensinos do Novo Testamento ou para a vida cristã?

Sim, várias, se não todas as festas judaicas, podem ser significativas para nós hoje. Muitos cristãos, por exemplo, encontram rico significado em três festas judaicas: a observância da Páscoa, o Pentecoste e a festa dos tabernáculos.

●●●●●

Em Êxodo, Deus ordenou a cada um dos filhos de Israel: *Três vezes no ano me celebrarás festa* (Êxodo 23:14). A primeira era a festa dos pães ázimos, ou Páscoa. Durante séculos, famílias judaicas se reuniram ao pôr do sol do décimo quarto dia do primeiro mês do calendário hebraico para celebrar essa festa.

## A festa da Páscoa

A refeição da Páscoa (*pesach*) era composta por um cordeiro assado, ervas amargas e pão feito sem fermento. Durante a refeição, o pai, com a ajuda dos filhos, recontava a história de Deus redimindo Israel da escravidão egípcia. Eles explicavam como o anjo da morte veio sobre a terra para matar os primogênitos do sexo masculino de cada família. Mas Deus havia dito ao povo que eles seriam poupados se observassem a Páscoa tal qual ele havia instruído. Cada família israelita devia escolher um cordeiro ou um cabrito, matá-lo e espalhar o sangue na parte superior e nos lados dos batentes da porta de sua casa. À noite, eles deveriam comer o cordeiro assado com as ervas amargas e o pão ázimo. Naquela noite, à meia-noite, o anjo de Deus, o anjo da morte, mataria todos os filhos primogênitos dentro do Egito. Mas passaria sobre os que colocassem o sangue do sacrifício em sua casa (Êxodo 12).

Daquele dia em diante, as famílias judias passaram a celebrar sua redenção da escravidão egípcia, porque a morte dos primogênitos do Egito foi o golpe final que fez o faraó libertar Israel da escravidão.

Mas o que é tão significativo para os cristãos aconteceu 1:400 anos depois da primeira Páscoa. Em Jerusalém, um grupo de homens judeus se reuniu para observar essa festa especial. Algo muito estranho aconteceu. O homem que dirigia a Páscoa tomou o pão sem fermento, distribuiu aos que estavam na sala e disse algo extraordinário: *Tomai e comei; isto é o meu corpo* (Mateus 26:26). Depois, ele tomou um cálice de vinho e o passou adiante de acordo com o costume da Páscoa, mas novamente proferiu uma estranha mensagem: *Bebei dele todos;* ele instruiu, *pois isto é o meu sangue, o sangue da aliança derramado em favor de muitos para perdão dos pecados* (Mateus 26:27,28). Esse homem judeu estava reinterpretando toda a celebração da Páscoa. Ele alegava *ser* o pão; alegava que o vinho era o *seu* sangue. Essas declarações confundiram os ouvintes.

Aquele homem havia dito aos seus seguidores anteriormente que ele era *o pão da vida* (João 6:35). Era o mesmo homem a respeito de quem o profeta João Batista havia feito uma corajosa declaração quando o viu caminhar em sua direção. *Este*, disse João, *é o Cordeiro de Deus que tira o pecado do mundo* (João 1:29). Poucas horas depois dessa importante celebração da Páscoa, o homem chamado Jesus seria pego, espancado violentamente e cruelmente pregado numa cruz para sangrar e morrer. Exatos 1:400 anos após a primeira celebração da redenção feita pelo povo de Deus, aquele Jesus de Nazaré, o primogênito de Deus, celebrou a si mesmo como o Cordeiro pascal a ser oferecido como redenção para uma raça humana escrava do pecado. Que festa para os cristãos celebrarem!

A Páscoa não é apenas uma celebração judaica. É uma festa para todos que foram redimidos pelo sacrifício expiatório de Jesus Cristo.

> *Sabendo que não foi com coisas perecíveis, como prata ou ouro, que fostes resgatados da vossa maneira fútil de viver, recebida por tradição dos vossos pais. Mas fostes resgatados pelo precioso sangue, como de um cordeiro sem defeito e sem mancha, o sangue de Cristo.* (1Pedro 1:18,19)

Portanto, cordeiros, touros e cabritos não mais precisam ser sacrificados porque *agora, na consumação dos séculos, ele se manifestou de uma vez por todas, para aniquilar o pecado por meio do sacrifício de si mesmo* (Hebreus 9:26). A Páscoa é uma celebração que todos os cristãos podem fazer por causa do plano redentor de Deus por meio de Cristo.

## A festa de Pentecoste

Cinquenta dias a partir do início da Páscoa, as famílias judaicas eram ordenadas a ofertar a Deus as primícias de suas colheitas. Foi-lhes dito: *Contareis sete semanas inteiras, desde o dia depois do sábado [...] até o dia seguinte ao sétimo sábado; serão cinquenta dias* (Levítico 23:15,16).

Esse tempo era chamado de festa do *Shavuot* (*Pentecoste* em grego). Mas, durante séculos, além de celebrar suas colheitas, as famílias judaicas também celebravam a revelação de Deus por meio de sua Palavra escrita dada a Moisés no monte Sinai. Assim, além de fazer uma oferta das colheitas, as famílias judaicas se reuniam e louvavam a Deus por ele se revelar tão dramaticamente como no dia em que se mostrou a Moisés e deu os mandamentos escritos *pelo dedo de Deus* (Êxodo 31:18).

Passemos agora rapidamente para o século 1. Imagine os discípulos de Jesus empolgados e quase fora de si com a ressurreição de Jesus. O Cordeiro Pascal havia sido sacrificado, e a redenção judaica era uma realidade. O Messias estava de volta, e eles perguntaram: *Senhor, é este o tempo em que restaurarás o reino para Israel?* (Atos 1:6). Eles estavam a apenas dez dias da festa de *Shavuot*; que tempo perfeito para o Filho de Deus se revelar como o Deus poderoso do reino celestial! O Pentecoste celebrava a revelação de Deus no Sinai, e por que não a revelação do Filho de Deus em Jerusalém — verdadeiramente a celebração de um novo reino?

Mas, para surpresa dos discípulos, Jesus subiu ao céu. Todavia, antes disso, ele lhes disse que voltassem à cidade e esperassem pela promessa do Pai (veja Lucas 24:49). Talvez confusos e, quem sabe, frustrados, os discípulos seguiram as instruções de Jesus. E, dez dias depois, 120 seguidores de Jesus se reuniram num cenáculo para celebrar o Shavuot/Pentecoste. Normalmente isso incluiria leituras, orações e agradecimentos a Deus por sua poderosa revelação no monte Sinai. Todavia, naquele Pentecoste particular algo extraordinário aconteceu.

Quando os discípulos estavam reunidos, o Espírito Santo se revelou como um vento tempestuoso e *apareceram umas línguas como de fogo, distribuídas entre eles, e sobre cada um pousou uma* (Atos 2:3). Essa festa passou de uma revelação de Deus por meio de sua Santa Palavra a uma revelação de Deus por meio do seu Espírito Santo. E, em vez de oferta da primeira colheita, os discípulos *foram* a primeira colheita — a primeira igreja!

O Pentecoste não é apenas uma celebração judaica. É uma celebração da dádiva em que Deus concedeu seu Espírito Santo a todo cristão. Podemos agradecer a Deus por nos dar sua Palavra e seu Espírito, que entra em nossa vida para nos tornar seus filhos:

> *Porque não recebestes um espírito de escravidão para vos reconduzir ao temor, mas o Espírito de adoção, pelo qual clamamos: Aba, Pai! O próprio Espírito dá testemunho ao nosso espírito de que somos filhos de Deus. Se somos filhos, também somos herdeiros, herdeiros de Deus e coerdeiros de Cristo, se é certo que sofremos com ele, para que também com ele sejamos glorificados.* (Romanos 8:15-17)

## A festa dos tabernáculos

A última das três festas é a *festa dos tabernáculos* (Sukkot), ou *festa das colheitas*. Deus ordenou que os filhos de Israel habitassem em cabanas improvisadas durante sete dias todos os anos. *Para que as vossas gerações saibam que eu fiz os israelitas habitarem em tendas feitas de ramos quando os tirei da terra do Egito. Eu sou o SENHOR vosso Deus* (Levítico 23:43).

Durante séculos, na estação do outono, as famílias judaicas deviam celebrar o *Sukkot* (em hebraico, "cabana" ou "barraca"). Durante sete dias, deviam comer em suas cabanas e se alegrar *diante do SENHOR vosso Deus durante sete dias* (Levítico 23:40). Como última festa, esta marca o término tanto da temporada da colheita como do ciclo de festas. Serve, portanto, como tempo especial de celebrar a plenitude da obra criadora e redentora de Deus e, além disso, o *descanso* do Senhor. Deve ser um tempo para lembrar e refletir sobre tudo o que

Deus fez e dar-lhe glória. Todavia, o principal significado dessa festa é que ela serve como ensaio e celebração da futura glória de Deus em favor de Israel.

Deus deu ao profeta Zacarias uma visão da vinda do Messias, da restauração de Israel e da restauração de todas as coisas. O profeta viu um tempo em que *o SENHOR será rei sobre toda a terra; naquele dia haverá um só SENHOR, e o seu nome será único* (Zacarias 14:9). O apóstolo Paulo falou a respeito de um tempo na história humana no qual *ao nome de Jesus* [o Messias] *se dobre todo joelho dos que estão nos céus, na terra e debaixo da terra, e toda língua confesse que Jesus Cristo é o Senhor, para glória de Deus Pai* (Filipenses 2:10,11).

É nesse contexto de restauração que Zacarias declara: *Então todos os que restarem de todas as nações que vieram contra Jerusalém subirão de ano em ano para adorar o Rei, o SENHOR dos Exércitos, e celebrar a festa dos tabernáculos* [Sukkot] (Zacarias 14:16). Deus disse ao seu povo: *E te alegrarás na tua festa* [...] *pois o SENHOR, teu Deus, te abençoará em toda a tua colheita e em todo trabalho das tuas mãos; por isso terás muita alegria* (Deuteronômio 16:14,15). Mas sem dúvida Zacarias apontava para a suprema alegria se completando quando todas as coisas forem restauradas ao propósito original de Deus, porque *o tabernáculo de Deus está entre os homens, pois habitará com eles* (Apocalipse 21:3).

Deus fez uma promessa a Israel de que ele terá um lar permanente e seu Messias reinará eternamente. Porém, isso é mais do que uma celebração judaica. Todo filho de Deus que aceitou Jesus como Salvador e futuro Messias pode celebrar a promessa de sua segunda vinda, quando todos os redimidos poderão dizer:

> *O tabernáculo de Deus está entre os homens, pois habitará com eles* [...] *e Deus mesmo estará com eles. Ele lhes enxugará dos olhos toda lágrima; e não haverá mais morte, nem pranto, nem lamento, nem dor.* (Apocalipse 21:3,4)

Essa é uma festa incomparável para os cristãos por-que é a única das três celebrações na qual Deus não apareceu — pelo menos não ainda. Deus Filho veio literalmente em forma humana para celebrar a Páscoa e literalmente se tornou o Cordeiro da Páscoa. Deus Espírito veio celebrar o Pentecoste para que pudesse literalmente viver em nós. Mas Deus ainda precisa aparecer literalmente para celebrar *Sukkot* conosco. Ele, sem dúvida, fará isso em sua segunda vinda, o tempo ao qual Jesus se referiu em sua refeição pascal cerca de 2 mil anos atrás, ao dizer: *Mas digo-vos que desde agora não mais beberei deste fruto da videira até aquele dia em que beberei o vinho novo convosco, no reino de meu Pai* (Mateus 26:29). *Sukkot*, a festa dos tabernáculos, é certamente um tempo em que os cristãos poderão celebrar a esperada segunda vinda de Cristo.

● ● ● ● ●

As três celebrações são excelentes oportunidades para ensinar e reforçar os fundamentos da fé cristã junto à sua igreja ou à sua família. Devido ao renovado interesse nessas três festas judaicas, nós as recriamos como celebrações judaico-cristãs para famílias e igrejas cristãs. A Páscoa é a nossa "celebração da redenção", Pentecoste é a nossa "celebração da revelação" e a festa dos tabernáculos é a nossa "celebração da restauração". Aproveite-as para instilar em sua família um coração de gratidão pelo que Deus tem feito e uma esperançosa expectativa sobre o que ele irá fazer.

# 64

## Qual o verdadeiro propósito da Bíblia?

Algumas pessoas dizem que a Bíblia é o manual da religião cristã e seu propósito é fixar um conjunto de regras e ensinos que estabelecem o cristianismo. Outros alegam que a Bíblia nos diz como obter o céu e fornece o mapa de como chegar lá. Por que Deus nos deu seu Livro? Que história ele conta? E o que essa história tem que ver conosco? As próprias Escrituras nos dão essas respostas.

### O propósito doutrinário

Uma das razões pelas quais Deus nos deu as Escrituras é informar quanto àquilo em que devemos crer. Essas crenças tornam-se nossa autoridade para determinar a doutrina correta. Isso quer dizer que existe um *propósito doutrinário para a Palavra de Deus*. Ela nos dá verdades racionais que podemos compreender com nossa mente. Essas verdades são convicções doutrinárias que compõem a teologia cristã.

Muitas pessoas evitam a ideia de teologia. Todavia, teologia é, na realidade, o estudo de Deus. Assim, de certa forma, todos nós somos "teólogos". Todos nós temos ideias a respeito de quem é Deus e de como ele se parece, ainda que raramente pensemos nisso como saber "teologia". Mas um dos propósitos das Escrituras é francamente teológico — revelar Deus como ele é. Deus quer que saibamos como ele é, como seus caminhos diferem dos nossos e como ele vê a vida de forma distinta de como a vemos.

A doutrina faz diferença. Compreendendo o que as Escrituras revelam sobre Deus, por exemplo, compreendemos de fato o que ele revela a nosso respeito. Quando enxergamos a vida através dos olhos de Deus, adquirimos o que é chamado de *visão bíblica do mundo* — uma visão correta sobre a realidade, que nos diz como o mundo veio a existir, quem somos, como sabemos o que é certo e errado etc. As verdades doutrinárias das Escrituras agem como limites que nos mantêm alinhados às crenças corretas para que possamos ver a vida como Deus quer que a vejamos.

## O propósito comportamental

A Bíblia também nos ensina a viver. Ela está repleta de instruções, leis e mandamentos a respeito do que fazer e do que não fazer. É por isso que podemos dizer que há um *propósito comportamental em relação à Palavra de Deus*. Quando a Bíblia diz "Siga este caminho", "Evite esses lugares", "Não pratique essas ações" ou "Adote aquelas ideias", ela está nos instruindo a como viver corretamente.

Você já perguntou por que agir corretamente na maioria das vezes produz bons resultados e agir errado muitas vezes resulta em consequências negativas? Em geral, isso acontece porque: 1) as verdades doutrinárias da Bíblia fornecem uma correta visão de Deus e de seus caminhos; e 2) quando pensamos e vivemos adequadamente, colhemos os benefícios da piedade.

Por outro lado, dar guarida a crenças incorretas a respeito de Deus e seus caminhos distorce nossos valores, tornando improvável que nossas ações sejam corretas. O mais provável é que soframos as consequências de vivermos de forma errada. *Ele reserva para os justos a verdadeira sabedoria, como um escudo para os que caminham em integridade, guardando as veredas dos justos e protegendo o caminho dos seus santos* (Provérbios 2:7,8). Assim, outra razão pela qual Deus nos deu a sua Palavra é para que possamos viver a sua verdade corretamente. As doutrinas e os mandamentos das Escrituras agem então como dois faróis que nos guiam por um caminho de retidão.

## O propósito relacional

Há uma imensa quantidade de mandamentos na Bíblia. Mas existe um que é chamado de o Grande Mandamento. Jesus o expressou desta forma:

> *Amarás o Senhor teu Deus de todo o coração, de toda a alma e de todo o entendimento. Este é o maior e o primeiro mandamento. E o segundo, semelhante a este, é: Amarás o teu próximo como a ti mesmo.* (Mateus 22:37-39)

Jesus estava fazendo aqui uma conexão vital entre a verdade bíblica (crenças e instrução bíblica) e os relacionamentos. Foi isso o que os líderes religiosos dos dias de Jesus não compreendiam nem praticavam.

É claro que a Bíblia hebraica está repleta de conexões entre a verdade e os relacionamentos, mas às vezes nós as deixamos escapar. O rei Davi disse num de seus salmos: *Pois tua fidelidade está diante dos meus olhos, e tenho andado na tua verdade* (Salmos 26:3). Então ele orou: *SENHOR, ensina-me teu caminho, e andarei na tua verdade; prepara o meu coração para temer o teu nome* (Salmos 86:11). Os escritores do Antigo Testamento compreendiam a verdade no contexto de relacionamento. A declaração de Jesus sobre o Grande Mandamento foi simplesmente um reenquadramento das convicções doutrinárias e da obediência e restauração dessas convicções ao lugar correto no contexto de relacionamento, que havia sido perdido pelos religiosos da época. Ele proclamou que havia um *propósito relacional com relação à Palavra de Deus*. Jesus estava nos dizendo que pensar e viver corretamente é estar no contexto de relacionamento correto. E, se não formos capazes de fazê-lo, isso distorcerá gravemente os nossos pensamentos e a nossa vida.

A intenção definitiva de Deus desde a criação em diante foi que cada pessoa desfrutasse o círculo do amoroso relacionamento que ele desfruta na Trindade. Deus quis manifestar-se aos seres humanos para que eles pudessem conhecê-lo por quem ele é. Esta é a *verdade doutrinária* definitiva que ele planejou para os seres humanos e o universo. Ele também quis que sua criação vivesse de acordo com seus caminhos, a única forma pela qual eles podiam desfrutar toda a bondade de um mundo perfeito. Esta é a *verdade comportamental* definitiva que Deus planejou para nós. O plano de Deus foi que o primeiro casal, Adão e Eva, cresse que ele era perfeitamente bom e, quando lhes deu uma ordem, tinha no coração a melhor intenção. O propósito era que entendessem que Deus queria que eles o amassem carinhosamente e que o seu único mandamento foi dado dentro do contexto dessa *verdade relacional*. Mas eles não entenderam. E, infelizmente, os seres humanos perderam o contexto relacional da verdade de Deus desde então.

Podemos estudar a Palavra de Deus em busca de crenças corretas. Podemos até obedecer a ela por meio de um comportamento correto. Mas não devemos esquecer por que fazemos isso. O Deus da Bíblia quer que experimentemos relacionalmente seu amor e o amor dos que estão ao nosso redor. Podemos então dizer isto: *Deus nos deu a Bíblia porque quer estabelecer um amoroso relacionamento conosco, quer que desfrutemos relacionamentos íntimos uns com os outros e que os nossos relacionamentos perdurem, assim como o reino, por toda a eternidade.*

# 65

## O Antigo Testamento é historicamente confiável?

A escrita do Antigo Testamento começou cerca de 3.400 anos atrás. Claro, nenhum dos manuscritos originais — chamados *autografa* — escritos pelos autores inspirados por Deus existem hoje. O que lemos agora são cópias impressas traduzidas de antigas cópias manuscritas, também copiadas do original. Isso se deve ao fato de a Bíblia ter sido composta e transmitida numa era antes das máquinas de impressão. Todas as cópias tiveram de ser escritas à mão. Com o passar do tempo, a tinta esmaeceu, e o material em que o manuscrito foi escrito se deteriorou. Por isso, se um documento tivesse de ser preservado e transmitido à geração seguinte, era preciso fazer novas cópias, ou o documento se perderia para sempre. Essas cópias eram feitas exatamente como os originais — à mão, com tinta que esmaecia, sobre materiais que se deterioravam.

Mas você pode perguntar com razão: As reproduções copiadas à mão não abrem espaço para todo tipo de erro? Como podemos ter certeza de que um copista cansado, com a vista embaçada devido ao sono, não pulou algumas palavras sumamente importantes, deixou de incluir partes inteiras de Gênesis, ou citou erroneamente alguns versículos importantes de Isaías? Os críticos dizem que a Bíblia é uma coleção de escritos desatualizados, crivados de imprecisões e distorções.[98] Portanto, como podemos ter certeza de que a Bíblia disponível hoje reflete uma transmissão exata do original?

Deus não nos deixa fazendo perguntas. Ele tem supervisionado milagrosamente a transmissão das Escrituras para garantir que elas sejam repassadas com precisão de uma a outra geração.

## O trabalho dos escribas

Um dos meios pelos quais Deus garantiu que o Antigo Testamento seria retransmitido de modo exato foi escolher, chamar e cultivar uma nação de homens e mulheres que levaram muito a sério o Livro da Lei. Deus ordenou e instilou no povo judeu uma grande reverência pelas Escrituras. Essa atitude tornou-se parte tão integrante da identidade judaica que uma classe de estudiosos judeus chamada *sopherim*, de uma palavra hebraica que significa "escribas", surgiu entre os séculos 5 e 3 a.C. Esses guardiães das Escrituras hebraicas se dedicaram a preservar cuidadosamente os antigos manuscritos e produzir novas cópias quando necessário.

Os *sopherim* foram eclipsados pelos escribas talmúdicos, que guardavam, interpretavam e comentavam os textos sagrados de cerca de 100 d.C. a 500 d.C. Os escribas talmúdicos foram sucedidos pelos escribas conhecidos como massoretas (cerca de 500 a 900 d.C.).

Os escribas talmúdicos, por exemplo, estabeleceram disciplinas rígidas e detalhadas para a cópia de um manuscrito. Suas normas eram tão rigorosas que, quando uma nova cópia era concluída, eles conferiam à reprodução autoridade semelhante à principal por estarem plenamente convencidos de que tinham em mãos uma duplicata exata.

Essa foi a classe de pessoas que, na providência de Deus, foram escolhidas para preservar o texto do Antigo Testamento durante séculos. Um escriba começava seu dia de transcrição lavando

---

[98] Veja "A Bíblia não está cheia de erros e contradições?", p. 211.

cerimonialmente seu corpo todo. Ele se trajava com roupas judaicas antes de sentar-se à sua escrivaninha. Enquanto escrevia, se chegasse ao nome hebraico de Deus, não podia começar a escrevê-lo com uma nova pena mergulhada em tinta pelo temor de que isso borrasse a página. E, uma vez que tivesse começado a escrever aquele nome, não podia parar ou se distrair. Mesmo que um rei entrasse na sala, o escriba era obrigado a prosseguir até ter terminado de escrever o santo nome do único verdadeiro Deus.

As diretrizes talmúdicas para a cópia de manuscritos também exigiam o seguinte:

- O rolo deveria ser feito de pele de um animal cerimonialmente limpo.
- Cada pele deveria conter um número específico de colunas ao longo de todo o rolo.
- O comprimento de cada coluna deveria se estender a não menos que 48 linhas e a não mais que 60 linhas.
- A largura da coluna deveria consistir em exatamente trinta letras.
- O espaço de uma linha deveria aparecer entre cada consoante.
- A largura de nove consoantes deveria ser inserida entre cada seção.
- Um espaço de três linhas deveria aparecer entre cada livro.
- O quinto livro de Moisés (Deuteronômio) precisava terminar exatamente com uma linha completa.
- Nada — nem mesmo a palavra mais curta — poderia ser copiado de memória; tudo deveria ser copiado letra por letra.
- O escriba precisava contar o número de vezes que cada letra do alfabeto ocorria em cada livro e compará-lo com o original.[99]

---

[43] McDowell, Josh. *The New Evidence That Demands a Verdict*, p. 74.

## O texto confirmado

Até metade do século 20, entretanto, não havia como saber exatamente quão surpreendente tinha sido a preservação do Antigo Testamento. Como nos referimos na pergunta 54 deste livro, antes de 1947 o mais antigo manuscrito hebraico completo datava de 900 d.C. No entanto, com a descoberta de 223 manuscritos bíblicos e muito outros manuscritos e fragmentos parciais em cavernas no lado oeste do mar Morto, temos agora manuscritos do Antigo Testamento datados pelos paleógrafos em 125 a.C. Esses chamados manuscritos do mar Morto são milhares de anos mais antigos do que quaisquer outros anteriormente conhecidos.

Mas há uma parte emocionante: uma vez comparados os manuscritos do mar Morto com versões modernas, a moderna Bíblia hebraica comprovou ser idêntica, palavra por palavra, em mais de 95% do texto. (Os outros 5% consistiam principalmente em variações ortográficas. Por exemplo, das 166 palavras de Isaías 53, somente 17 letras estavam em questão. Delas, 10 letras se referiam a ortografia e 4 a mudanças de estilo; as 3 letras restantes compunham a palavra "luz", que foi acrescentada ao versículo 11.)[100]

Em outras palavras, a maior descoberta de manuscritos de todos os tempos revelou que mil anos de cópia do Antigo Testamento produziram pequenas variações apenas. Nenhuma delas alterou o claro significado do texto ou influenciou a integridade fundamental do manuscrito em questão.

●●●●●

Os críticos ainda farão seus pronunciamentos em contradição às evidências. Entretanto, o peso esmagador das evidências afirma que Deus preservou sua Palavra e a retransmitiu com exatidão ao longo

---

[100] McDowell, Josh. *The New Evidence That Demands a Verdict*, p. 79.

dos séculos — para que, quando você consultar o Antigo Testamento hoje, possa confiar plenamente que tem em mãos um documento preservado e totalmente confiável.[101]

---

[101] Para uma abordagem mais abrangente da confiabilidade do Antigo Testamento, veja *More Evidence That Demands a Verdict*, cap. 4.

# 66

## O Novo Testamento é historicamente confiável?

Você tem certeza de que o Novo Testamento que lê é o mesmo que Deus inspirou Mateus, Marcos, João, Paulo ou Pedro a escreverem? Lembre-se de que o texto foi escrito cerca de 2 mil anos atrás. Nós, é claro, não temos os manuscritos originais. Então, como podemos ter certeza de que as antigas cópias de que dispomos hoje não foram adulteradas ou distorcidas por pessoas que acrescentaram as próprias ideias? Em outras palavras, como podemos ter certeza de que o Novo Testamento de que dispomos hoje é uma reprodução confiável do que Deus inspirou a seus escritores?

### Uma multiplicidade de manuscritos

Sabemos que escribas especialistas hebreus fizeram cópias de manuscritos do Antigo Testamento.[102] Mas esse não é o caso do Novo Testamento. Há várias razões para isso: 1) A liderança oficial judaica não endossou o cristianismo; 2) as cartas e histórias que circularam pelos escritores do Novo Testamento não eram tidas na época como Escrituras oficiais; e 3) esses documentos não foram escritos na língua hebraica, mas em formas de grego e aramaico. Assim, as mesmas disciplinas formais não foram seguidas na transmissão desses

---

[102] Veja "O Antigo Testamento é historicamente confiável?", p. 268.

escritos de uma geração a outra. No caso do Novo Testamento, Deus fez algo novo a fim de garantir que sua Palavra fosse cuidadosamente preservada para nós e nossos filhos.

Os historiadores avaliam a confiabilidade textual da literatura antiga de acordo com dois padrões: 1) o intervalo de tempo entre o original e a cópia mais antiga; e 2) quantas cópias manuscritas estão disponíveis.

Por exemplo, praticamente tudo o que sabemos hoje a respeito das façanhas de Júlio César nas Guerras da Gália (58 a 51 a.C.) vem de dez cópias manuscritas da obra de César intitulada *As guerras gálicas*. A mais antiga dessas cópias data de um pouco menos de mil anos do tempo em que o original foi escrito. Nosso texto moderno da *História de Roma*, de Tito Lívio, depende de um manuscrito parcial e de 19 cópias bem posteriores, que são datadas de quatrocentos a mil anos *depois* do texto original (veja quadro "Padrões de confiabilidade textual aplicados à literatura clássica", a seguir).[103]

## Padrões de confiabilidade textual aplicados à literatura clássica

| AUTOR | LIVRO | DATA DA ESCRITA | CÓPIAS MAIS ANTIGAS EXISTENTES | INTERVALO DE TEMPO | NÚMERO DE CÓPIAS |
|---|---|---|---|---|---|
| Homero | Ilíada | 800 a.C. | c. 400 a.C. | c. 400 anos | 643 |
| Heródoto | História | 480-425 a.C. | c. 900 d.C. | c. 1:350 anos | 8 |
| Tucídides | História | 460-400 a.C. | c. 900 d.C. | c. 1:300 anos | 8 |
| Platão | | 400 a.C. | c. 900 d.C. | c. 1:300 anos | 7 |
| Demóstenes | | 300 a.C. | c. 1100 d.C. | c. 1:400 anos | 200 |
| César | Guerras gálicas | 100-44 a.C. | c. 900 d.C. | c. 1.000 anos | 10 |
| Tito Lívio | História de Roma | 59 a.C.-17 d.C. | 300 d.C. 900 d.C. | c. 400 anos c. 1.000 anos | 1 parcial 19 |
| Tácito | Anais | 100 d.C. | c. 1100 d.C. | c. 1.000 anos | 20 |
| Plínio Segundo | História natural | 61-113 d.C. | c. 850 d.C. | c. 750 anos | 7 |

[103] Adaptado de McDowell, Josh. *The New Evidence That Demands a Verdict*, gráf., p. 38.

Por comparação, o texto da *Ilíada* de Homero é muito mais confiável. É apoiado por 643 cópias manuscritas existentes hoje, com meros quatrocentos anos de intervalo de tempo entre a data de composição e a mais antiga das cópias.

A evidência textual para Tito Lívio e Homero é considerada mais do que adequada para os historiadores usarem na validação dos originais, mas essa evidência empalidece em comparação com o que Deus realizou no caso do texto do Novo Testamento.

## O Novo Testamento não tem igual

Usando esse padrão para avaliação da confiabilidade textual dos escritos antigos, o Novo Testamento permanece isolado. Não há comparação. Nenhum outro livro do mundo antigo se aproxima de sua confiabilidade textual (veja quadro "Padrões de confiabilidade textual aplicados à Bíblia", a seguir).[104]

Perto de 25 mil manuscritos ou fragmentos de manuscritos do Novo Testamento repousam em bibliotecas e universidades de todo o mundo. A mais antiga dessas descobertas feita até agora é um fragmento do evangelho de João, disponível na Biblioteca John Rylands da Universidade de Manchester, Inglaterra; foi datado de cinquenta anos depois que o apóstolo João escreveu o original![105]

---

[104] McDowell, Josh. *The New Evidence That Demands a Verdict*, p. 38.
[105] McDowell, Josh. *The New Evidence That Demands a Verdict*, p. 38-39.

**Padrões de confiabilidade textual aplicados à Bíblia**

| Autor | Livro | Cópias mais antigas existentes | Intervalo de tempo | Número de cópias |
|---|---|---|---|---|
| João | João | c. 130 d.C. | 50 anos ou mais | Fragmentos |
| O restante dos escritores do Novo Testamento | O restante dos livros do Novo Testamento | c. 200 d.C. (livros) | 100 anos | |
| | | c. 250 d.C. (a maior parte do Novo Testamento) | 150 anos | |
| | | c. 325 d.C. (o Novo Testamento completo) | 225 anos | Mais de 5.600 manuscritos gregos |
| | | c. 366-384 d.C. (a Tradução da Vulgata Latina) | 284 anos | |
| | | c. 400-500 d.C. (outras traduções) | 400 anos | Mais de 19 mil manuscritos traduzidos |
| | | TOTAIS | 50-400 anos | Mais de 24.900 manuscritos |

Podemos estar confiantes de que o texto do Novo Testamento tem sido transmitido ao longo dos séculos com precisão e exatidão. Em outras palavras, podemos ter certeza de que o que foi escrito inicialmente é o que temos hoje.

Mas surge uma pergunta ainda mais crítica. As palavras de Deus foram registradas exatamente como ele pretendeu que fossem? Quando esses escritores inspirados registraram os eventos históricos, estavam cronologicamente próximos a esses eventos, de modo que podemos confiar na exatidão do que eles escreveram?

Muitos escritos antigos mantêm-se apenas vagamente fiéis à realidade dos eventos relatados. Alguns autores altamente conceituados do mundo antigo, por exemplo, relatam eventos que aconteceram muitos anos antes de eles terem nascido e em países que eles nunca visitaram. Embora seus relatos possam ser em grande parte factuais, os historiadores admitem que deve ser dada maior credibilidade a escritores que estiveram tanto geográfica quanto cronologicamente perto dos eventos que relatam.

Tendo isso em mente, observe o amoroso cuidado de Deus ao inspirar a escrita do Novo Testamento. O peso esmagador do mundo acadêmico confirma que os relatos da vida de Jesus, a história da igreja primitiva e as cartas que formam o Novo Testamento foram todos escritos por testemunhas oculares dos eventos que registraram ou contemporâneos das testemunhas oculares. Deus escolheu Mateus, Marcos e João para escreverem três dos quatro Evangelhos. Foram homens que puderam dizer coisas como: *E aquele que viu isso é quem dá testemunho* (João 19:35). Deus falou por intermédio de Lucas, o médico, para registrar o terceiro Evangelho e o livro de Atos. Lucas, um escritor meticuloso e cuidadoso, usou como fonte informações sobre fatos *transmitidos pelos que desde o princípio foram suas testemunhas oculares e ministros da palavra* (Lucas 1:2).

Deus poderia ter falado por meio de qualquer pessoa, de qualquer lugar, a fim de registrar suas palavras sobre Cristo. Contudo, para nos dar mais confiança na verdade, ele agiu por meio de testemunhas oculares como João, que disse: *Sim, o que vimos e ouvimos, isso vos anunciamos* (1João 1:3). Ele agiu por intermédio de Pedro, que declarou: *Porque não seguimos fábulas engenhosas quando vos fizemos conhecer o poder e a vinda de nosso Senhor Jesus Cristo, pois fomos testemunhas oculares da sua majestade* (2Pedro 1:16). E a quem Deus escolheu como seu mais prolífico escritor? Ao apóstolo Paulo, cuja dramática conversão de perseguidor dos cristãos a implantador de igrejas o tornou talvez a mais confiável de todas as testemunhas!

Mas Deus não parou aí. Aqueles por intermédio de quem ele transmitiu sua Palavra inspirada foram também apóstolos. Esses homens podiam confiar em suas experiências como testemunhas e apelar para o conhecimento em primeira mão de seus contemporâneos, até mesmo de seus adversários mais raivosos (veja Atos 2:32; 3:15; 13:31; 1Coríntios 15:3-8). Eles não apenas diziam "Olhem, nós vimos isso" ou "Nós ouvimos isso", mas tinham tanta confiança no que escreveram a ponto de dizerem "Confira", "Pergunte por aí" e "Você sabe tão bem quanto eu sei!".

● ● ● ● ●

Existem amplas evidências mostrando que Deus foi bastante seletivo quanto às pessoas que escolheu para registrar suas palavras — pessoas que, em sua maioria, tiveram conhecimento em primeira mão dos principais eventos e se tornaram canais confiáveis para registrar e transmitir exatamente as verdades que Deus quis que conhecêssemos. Ao ler o Novo Testamento assim como o restante da Bíblia, você pode confiar de que tem em mãos uma transmissão confiável do que Deus inspirou.[106]

---

[106] Para uma abordagem mais ampla da confiabilidade do Novo Testamento, veja *More Evidence That Demands a Verdict*, cap. 3.

# 67

## Qual a diferença entre a Bíblia cristã e a Bíblia judaica?

A Bíblia cristã contém o Antigo e o Novo Testamentos. Algumas pessoas dizem que a Bíblia judaica é a Bíblia cristã sem o Novo Testamento. Isso é verdade? No que consiste a Bíblia judaica ou hebraica e em que ela difere da Bíblia cristã?

A Bíblia judaica é frequentemente chamada de Torá. No sentido mais estrito, a Torá refere-se aos cinco primeiros livros da Bíblia. No sentido mais amplo, a Torá inclui toda a lei e a tradição judaicas.

Para os judeus contemporâneos, não há um Antigo Testamento. O que os cristãos chamam de Antigo Testamento, o povo judeu chamava de Torá Escrita ou o *Tanakh*. Os cristãos sempre se referem à Torá Escrita como a Bíblia hebraica. A Bíblia hebraica contém o mesmo texto do nosso Antigo Testamento, mas numa ordem ligeiramente diferente. A Bíblia hebraica termina com os livros históricos de Esdras-Neemias e Crônicas. O Antigo Testamento cristão termina com as profecias de Ageu, Zacarias e Malaquias.

Jesus leu e ensinou a Torá Escrita, ou Bíblia hebraica. Mas naquela época os líderes religiosos judeus também citavam a Torá Oral. Os fariseus dos dias de Jesus acreditavam que ela continha as instruções não escritas dadas por Deus a Moisés para ajudar o povo a compreender as leis e os regulamentos e a interpretá-los e aplicá-los. Essas tradições eram então passadas oralmente de uma a outra geração.

Os fariseus ensinavam que a Torá Oral continha a mesma autoridade da Torá Escrita. E em Marcos 7 temos um confronto entre Jesus e os fariseus a respeito da Torá Oral. Jesus disse: *Abandonais o mandamento de Deus, e vos apegais à tradição dos homens* [Torá Oral] [...] *Sabeis muito bem rejeitar o mandamento de Deus para guardar a vossa tradição* [Torá Oral] (Marcos 7:8,9). Jesus não condenou todos os aspectos da lei oral, mas deixou claro que as Escrituras inspiradas por Deus (a Lei Escrita) davam contextos à Lei Oral e que as Escrituras suplantavam a Lei Oral.

Por volta de 200 d.C., a Torá Oral foi registrada por escrito num documento chamado *Mishná*. Comentários adicionais elaborados sobre a Torá Oral ou *Mishná* foram continuamente acrescentados pelos rabis. Esses comentários ficaram conhecidos como *Guemará*. Eles foram escritos e concluídos por volta de 500 d.C. A *Guemará* e a *Mishná* juntas são conhecidas como Talmude. O Talmude trata de assuntos amplamente diversos como leis agrícolas, leis financeiras, questões matrimoniais, divórcio, contratos, leis sobre a pureza ritual, a impureza, os sacrifícios e o templo. Hoje o Talmude contém mais de 6 mil páginas e referências e dá crédito a mais de 2 mil estudiosos ou mestres.

Assim, a Bíblia judaica é mais complexa e ampliada que a Bíblia cristã. Todavia, se concentrarmos o foco da Bíblia judaica apenas na Torá Escrita, nosso atual Antigo Testamento é equivalente à Bíblia judaica.

# 68

## Qual a diferença entre a Bíblia cristã e o Alcorão?

Tanto o cristianismo quanto o islamismo são religiões monoteístas que acreditam num único criador onipotente. O livro sagrado dos muçulmanos — o Alcorão — ensina a criação, a existência dos anjos, as ideias de que Jesus foi um profeta de Deus, sem pecado, nascido de uma virgem, e de que existe um céu, um inferno e um dia do juízo. Então, com tantas semelhanças, quais são as diferenças entre a Bíblia e o Alcorão?

Os muçulmanos creem que o Alcorão é uma revelação de Deus (Alá) que começou a ser transmitida verbalmente por meio do anjo Gabriel a Maomé quando ele tinha 40 anos de idade (610 d.C.). Eles dizem que, durante um período de 23 anos, Maomé recebeu essas mensagens, que ele memorizou com exatidão. Logo após a morte de Maomé (632 d.C.), o Alcorão foi compilado num único livro. Hoje, ele é dividido em 114 capítulos ou *suras* e tem aproximadamente a mesma extensão do Novo Testamento cristão. Os muçulmanos consideram que o Alcorão escrito no original árabe é a palavra literal de Deus. Eles creem que Deus dá orientação divina a toda a humanidade, que Maomé foi o último e maior profeta de Deus, substituindo Cristo, e que o Alcorão é a revelação final de Deus a todos nós.

## O que o Alcorão diz a respeito de Deus

A característica distintiva do islamismo e do Alcorão é a unidade e transcendência de Alá ou Deus. Para tornar-se muçulmano, é necessário confessar a *Chahada*: "Não há Deus além de Alá, e Maomé é seu mensageiro". Todavia, o Deus do Alcorão não é o mesmo Deus da Bíblia.

O Alcorão retrata Deus como um ser eterno, onipotente, onisciente, santo, justo, amoroso e misericordioso. Entretanto, diferentemente da Bíblia, o Alcorão afirma existirem características da vontade de Deus, e não de sua natureza. Quer dizer, Deus pode ser chamado de bom porque causa o bem, mas a bondade não é a essência do seu caráter. A Bíblia, por outro lado, ensina que Deus é bom porque sua natureza e seu caráter são santos, justos e retos.[107]

O Alcorão ensina também que Jesus não é o Filho de Deus, que ele não morreu na cruz por nossos pecados, nem subiu da sepultura fisicamente três dias depois. Além disso, também defende uma visão unitária de Deus, em vez de uma visão trinitária da Bíblia. Crer que existe mais do que uma pessoa na Trindade é idolatria para um muçulmano.

## As seis doutrinas básicas

O Alcorão sustenta seis doutrinas básicas muçulmanas:

1. Existe um e somente um Deus.
2. Houve muitos profetas de Deus, incluindo Abraão, Moisés, Jesus e Maomé.
3. Alá criou anjos (*jinn*), alguns bons e outros maus.
4. O Alcorão é a revelação completa e final de Deus.

---

[107] Veja "Como Deus realmente é?", p. 48.

5. O dia do juízo para todos está próximo, seguido pelo céu para os fiéis e o inferno para os infiéis.
6. Deus tem pleno conhecimento e exerce a predestinação (*qadar*) sobre tudo o que ocorre na vida.

## O que o Alcorão diz a respeito da salvação

O Alcorão explica que a salvação — um lugar no paraíso após a morte — baseia-se no perdão de Alá: "Aos que creem e praticam obras de justiça, Alá prometeu perdão e uma grande recompensa" (Sura 5.9). A esperança de vida após a morte para um muçulmano está baseada em suas boas obras superarem suas más obras e na certeza de que Alá será misericordioso.[108][109] Mas o que distingue a Bíblia do Alcorão é a maneira pela qual uma pessoa é justificada com Deus e obtém a vida eterna.

O Novo Testamento (do qual os muçulmanos discordam) ensina que:

- *O salário do pecado é a morte, mas o dom gratuito de Deus é a vida eterna em Cristo Jesus, nosso Senhor* (Romanos 6:23).
- *Porque Deus amou tanto o mundo, que deu o seu Filho unigênito, para que todo aquele que nele crê não pereça, mas tenha a vida eterna* (João 3:16).
- *Sabendo que não foi com coisas perecíveis, como prata ou ouro, que fostes resgatados [...] mas fostes resgatados pelo precioso sangue, como de um cordeiro sem defeito e sem mancha, o sangue de Cristo. Por intermédio dele credes em Deus, que o ressuscitou dentre os*

---

[108] Esta crença de que nossas boas obras são o que realmente importa para Deus é também mantida pela maioria dos cristãos professos hoje. Um estudo entre cristãos professos na América do Norte revelou que 81% que confessavam a fé cristã estavam "tentando seguir as regras descritas na Bíblia".

[109] Barna Research Group, "Many Churchgoers and Faith Leaders Struggle to Define Spiritual Maturity". Ventura, CA: The Barna Research Group, Ltd, 2008, p. 1, 3, disponível em: Barna.org, artigo da web nº 264.

mortos e lhe deu glória, de modo que a vossa fé e esperança estejam em Deus (1Pedro 1:18-21).

- *Porque pela graça sois salvos, por meio da fé, e isto não vem de vós, é dom de Deus (Efésios 2:8).*
- *Assim, onde há motivo para orgulho? Foi excluído. Por qual lei? Das obras? Não, mas pela lei da fé. Concluímos, pois, que o homem é justificado pela fé sem as obras da lei (Romanos 3:27,28).*

As diferenças fundamentais entre o Alcorão e a Bíblia estão na revelação da Bíblia de: 1) quem é Deus (seu caráter e natureza santa e justa), 2) como ele lida com o pecado (seu plano de salvação pelo sacrifício expiatório de Cristo) e 3) como os seres humanos ganham um relacionamento com ele (tornados seus filhos pela graça por meio da fé em Cristo).

# 69

## Qual a diferença entre a Bíblia cristã e o Livro de Mórmon?

O termo "mórmons" é a designação comum aos membros da Igreja de Jesus Cristo dos Santos dos Últimos Dias (SUD), que tem sua sede em Salt Lake City, Utah, Estados Unidos. Em 1827, o fundador mórmon Joseph Smith alegou ter sido informado por um anjo chamado Moroni a respeito de um conjunto de placas de ouro enterradas numa colina onde hoje se localiza Nova York. Segundo ele, havia textos gravados nas placas. Smith afirmou ter descoberto essas placas e então as traduziu e publicou como o Livro de Mórmon em 1830. Sendo assim, no que o Livro de Mórmon difere da Bíblia cristã?

A igreja SUD baseia suas crenças não apenas no Livro de Mórmon. Joseph Smith alegou também ter tido um encontro no qual Jesus lhe revelou muitas coisas. Essas revelações foram publicadas na obra Doutrina e Convênios. Os relatos da interação de Smith com Jesus e sua história a respeito da descoberta das placas de ouro se encontram num terceiro livro, intitulado *Pérola de Grande Valor*. Esses três documentos, junto com a Bíblia, formam a base das crenças e das sucessivas revelações da SUD. Entretanto, a SUD oficialmente considera o Livro de Mórmon o "mais correto". Desde a morte de Joseph Smith em 1844, esses documentos têm sido suplementados por outras revelações que a igreja SUD diz terem sido feitas a seus líderes.

O Livro de Mórmon é escrito no estilo histórico da Bíblia King James (Almeida, Revista e Corrigida) e narra duas antigas civilizações que supostamente migraram para o continente americano. Diz-se que o primeiro grupo foi de refugiados da torre de Babel e que o segundo grupo veio de Jerusalém por volta de 600 a.C. O primeiro grupo acabou sendo destruído por causa de sua corrupção. O segundo grupo, sob a liderança de um homem chamado Nefi, era composto por judeus tementes a Deus e prosperou. Entretanto, algumas pessoas cessaram de adorar o Deus verdadeiro, e receberam a maldição da pele negra — esses se tornariam os americanos nativos, anteriormente chamados de "índios".

O Livro de Mórmon afirma que, após a ressurreição, Jesus visitou a América e se revelou aos seguidores de Nefi. Esse grupo acabou sendo destruído pelos "índios" em cerca de 428 d.C. Essa história foi escrita em placas de ouro. E foram essas placas que Joseph Smith disse ter encontrado e traduzido como o Livro de Mórmon.

### Ensinos das escrituras mórmons

Os mórmons acreditam que a Bíblia é verdadeira "na medida em que é corretamente traduzida". Mas eles aceitam também os três escritos da igreja como inspirados por Deus. Além disso, os mórmons creem que os líderes de sua igreja continuam a receber revelações inspiradas por Deus. Assim, em essência, novas "revelações de Deus" substituem as anteriores.

O Livro de Mórmon, o Doutrina e Convênios, a Pérola de Grande Valor e as revelações contínuas dos líderes da igreja SUD formam a teologia e os ensinos mórmons. Mas a igreja SUD como uma instituição e seus membros defendem a fé cristã e realmente creem ser a única igreja verdadeira. A igreja SUD expressa uma saudável ênfase sobre a família e os valores morais derivados da Bíblia. A igreja tem programas sociais abrangentes para seus membros e uma apaixonada operação missionária ao redor do mundo. Isso cria uma imagem positiva e atrai grande número de pessoas para a igreja SUD. A teologia dos mórmons, entretanto, não é a mesma do cristianismo ensinada com base nas Escrituras do Antigo e do Novo Testamentos. Por exemplo, a igreja SUD ensina o seguinte:

- Existem três Deuses separados — *Pai, Filho e Espírito Santo* — em vez de um Deus em três pessoas, como ensina a Bíblia (veja Mateus 28:19).
- Deus Pai foi uma vez humano e hoje tem carne e ossos, em vez de ser espírito (como Jesus disse em João 4:24).
- Os seres humanos são destinados a evoluir até chegar à divindade. Um ditado mórmon diz: "Como o homem é, Deus uma vez foi; como é Deus, o homem pode se tornar". A Bíblia ensina que seremos transformados à semelhança de Deus, não que evoluiremos até a divindade (veja Efésios 4:23,24).
- As obras são a base da salvação e determinam que tipo de posição e lugar uma pessoa terá no céu, em vez de ser justificada pela graça por meio da fé em Jesus (veja Efésios 2:8; Romanos 3:27,28).
- As Escrituras não são a revelação final de Deus — ao contrário, os líderes da igreja SUD recebem contínuas revelações que são iguais e até suplantam as Escrituras do Antigo e do Novo Testamentos. Mas a Bíblia ensina que as Escrituras são a revelação inspirada de Deus (veja 2Timóteo 3:16,17).[110]

Resumindo, o Livro de Mórmon e os outros escritos da igreja SUD diferem significativamente da Bíblia cristã.

---

[110] Veja "O que significa a Bíblia ser inspirada?", p. 203.

## 70

### A Bíblia católica romana é diferente da Bíblia protestante?

A tradição cristã inclui as tradições católica romana, ortodoxa e protestante. Da mesma forma que há diferenças significativas entre a teologia dos católicos romanos e a dos protestantes, será que existem diferenças nas Bíblias das duas tradições? Os católicos romanos têm uma Bíblia diferente da dos protestantes?

A Bíblia católica romana contém em seu Antigo Testamento 14 livros a mais do que a Bíblia protestante. Com exceção desse ponto, as Bíblias católica romana e protestante contêm os mesmos livros, embora cada grupo possa traduzir algumas passagens de forma diferente. Então, quais são esses 14 livros e por que razão os católicos romanos os aceitam e os protestantes não?

• • • • •

Os últimos livros do Antigo Testamento hebraico foram escritos não mais tarde que 400 a.C. Reúnem Malaquias, escrito por volta de 450 a 430 a.C., e Crônicas, escritos não depois de 400 a.C. No início de 300 a.C., e certamente o mais tardar em 150 a.C., todos os 39 livros do Antigo Testamento haviam sido escritos, reunidos e reconhecidos como Escrituras pelos líderes judaicos. No texto hebraico, esses 39 livros foram originariamente divididos como 24 livros: 5 livros da

Lei, 8 Profetas e 11 Escritos. Hoje, a Bíblia protestante simplesmente divide esses 24 livros de forma diferente para chegar a 39.

Por volta de 250 a 150 a.C., o texto hebraico oficialmente reconhecido pelos líderes judeus foi traduzido para o grego. Essa tradução é chamada de Septuaginta e às vezes é designada pelo numeral romano 70: *LXX*. Em decorrência, passou a existir a partir daí um Antigo Testamento hebraico e a Septuaginta. Durante o mesmo período, vários escritores escreveram ficções históricas a respeito do povo judeu e várias adições ou esclarecimentos aos livros do Antigo Testamento de Ester e Daniel. Isso foi bem depois do encerramento oficial do Antigo Testamento. Entretanto, catorze desses escritos foram acrescentados à tradução grega, a Septuaginta. Foram eles: 1 e 2Esdras, Tobias, Judite, acréscimos a Ester, Sabedoria de Salomão, Eclesiástico, Baruque, Susana, Bel e o dragão e Cântico dos três jovens (ambos acréscimos a Daniel), Orações de Manassés e 1 e 2Macabeus. Esses livros são chamados de apócrifos.

## Controvérsias sobre os apócrifos

O grande erudito Jerônimo (c. 340-420 d.C.) começou seu trabalho de tradução do Antigo Testamento hebraico para o latim sob o pontificado de Dâmaso I. Sua tradução foi chamada de Vulgata Latina. Jerônimo rejeitou os apócrifos como parte do cânon. Durante toda a igreja primitiva até o período da Reforma, muitos estudiosos também rejeitaram os apócrifos. No entanto, na Contrarreforma, no Concílio de Trento, a Igreja Católica Romana reconheceu oficialmente os apócrifos como Escrituras e lhes conferiu pleno *status* canônico (1546 d.C.)

A Igreja Católica Romana reconheceu esses catorze livros adicionais em parte para fortalecer certas doutrinas que estavam sendo questionadas pelos reformadores. O livro de Tobias, por exemplo, ensina as virtudes expiatórias das boas obras, e 2Macabeus apoia as doutrinas católicas romanas da intercessão dos santos e do purgatório.

Os líderes judaicos, os eruditos da igreja primitiva e os reformadores rejeitaram a canonicidade dos apócrifos, e, assim, a Bíblia dos protestantes excluiu esses livros. Houve inúmeras razões além das anteriormente mencionadas para que os apócrifos não fossem considerados inspirados por Deus. Entre elas, podemos destacar:

- Nenhum dos catorze livros adicionados alegou inspiração divina, e alguns na realidade a recusaram.
- Respeitados historiadores e filósofos os rejeitaram; especialmente Fílon de Alexandria (20 a.C.-40 d.C.), Flávio Josefo (30-100 d.C.) e os eruditos judeus de Jâmnia (90 d.C.).
- Nenhum dos escritores do Novo Testamento jamais citou os apócrifos, embora centenas de citações tenham sido feitas do Antigo Testamento hebraico na forma da Septuaginta.
- Jesus nunca reconheceu ou citou os livros apócrifos.

## O que Jesus confirmou

As declarações de Jesus nas Escrituras são, talvez, o indicador mais forte de que os apócrifos não devem ser considerados a Palavra inspirada de Deus. Jesus reconheceu a exatidão de todo o texto hebraico (os 24 livros originais do Antigo Testamento excluindo os apócrifos) quando afirmou: *Era necessário que se cumprisse tudo o que estava escrito sobre mim na Lei de Moisés* [os 5 primeiros livros], *nos Profetas* [os 8 livros] *e nos Salmos* [os 11 escritos] (Lucas 24:44).

Além disso, Jesus se referiu ao primeiro e ao último mártires no texto hebraico ao usar a frase *desde o sangue de Abel, até o sangue de Zacarias* (Lucas 11:51). Ao fazer isso, ele abarcou desde o primeiro livro do Antigo Testamento (Gênesis) até o último livro do texto hebraico (Crônicas). Isso mostra claramente que Jesus confirmou a autoridade e a inspiração dos 24 livros que compõem os nossos atuais 39 livros do Antigo Testamento. Jesus excluiu outros escritos, entre eles os apócrifos, ao se referir às Escrituras inspiradas por Deus.

• • • • •

Deus falou por intermédio de Moisés e preveniu que nada deveria ser acrescentado ou diminuído de sua Palavra: *Obedecerás a tudo o que te ordeno. Nada acrescentarás nem diminuirás* (Deuteronômio 12:32). O apóstolo João fez advertência semelhante a respeito do livro que ele próprio foi inspirado por Deus a escrever: *Dou testemunho a todo que ouvir as palavras da profecia deste livro; se alguém lhes acrescentar alguma coisa, Deus lhe acrescentará as pragas escritas neste livro* (Apocalipse 22:18). Os líderes judaicos e os apóstolos de Jesus no século 1 eram protetores da revelação escrita de Deus e agiram de acordo. E nós podemos estar seguros de que o que temos nos 66 livros da Bíblia protestante — nada mais e nada menos — é a Palavra inspirada de Deus para nós.

# 71

## Quando a Bíblia foi traduzida para outras línguas?

As pessoas inspiradas por Deus para escrever sua Palavra a registraram em hebraico e aramaico (no Antigo Testamento) e em grego (no Novo Testamento). Vimos como os escribas e os copistas dos manuscritos preservaram esses escritos copiando-os cuidadosamente palavra por palavra.[111] Mas, é claro, nem todos eram capazes de ler em hebraico, aramaico ou grego. Por isso, a Bíblia foi traduzida para outras línguas. Quando essas traduções foram feitas e para quais línguas?

Atualmente a Bíblia está traduzida em mais de 2.400 línguas. E, com o passar dos anos, essa tarefa tem exigido grande quantidade de tradutores e estudiosos. A primeira tradução da Bíblia (o Antigo Testamento) foi feita para o grego e é chamada de Septuaginta. Ela foi traduzida do texto hebraico e aramaico que hoje constitui nossos 39 livros do Antigo Testamento. Terminada por volta de 250 a 150 a.C., foi o Antigo Testamento que o mundo de fala grega leu no tempo de Jesus. Jesus fez citações dessa tradução bem como do texto hebraico.

---

[111] Veja "O Antigo Testamento é historicamente confiável?", p. 268, e "O Novo Testamento é historicamente confiável?", p. 273.

## Tradução durante a época da igreja primitiva

Muitos anos depois, outros estudiosos traduziram o Antigo Testamento para o grego. Alguns desses manuscritos ainda existem hoje. O *Codex Sinaiticus* e o *Codex Vaticanus*, dois desses manuscritos, datam de aproximadamente 330 d.C. Hoje, eles estão guardados no Museu Britânico e na Biblioteca do Vaticano em Roma, respectivamente.

A Versão Copta foi feita por volta de 350 d.C. Foi traduzida do grego para uma língua chamada copta, uma versão do antigo egípcio escrita em sua maioria em caracteres gregos. Nesse período, foram feitas a Versão Etíope e a Versão Gótica: o *Codex Argenteus*. Sabemos que existiam cristãos etíopes no início do evento relatado em Atos 8:26-36. Os godos viviam numa área das atuais Hungria e Romênia.

A Vulgata Latina começou a ser traduzida pelo erudito Jerônimo a partir de 382 d.C. Ele levou 25 anos para traduzir todo o Antigo Testamento do hebraico e do grego para o latim, até ser nomeado pelo papa católico romano Dâmaso para realizar a tarefa. Acredita-se que a Vulgata Latina foi o primeiro livro impresso por Johannes Gutenberg em 1455.

No início do século 4, a Bíblia hebraica e grega foi traduzida para línguas como o armênio, o eslavo, o siríaco (uma versão mais recente do aramaico), o bahárico (um dialeto copta), o árabe, o anglo-saxão, o persa e o frâncico. Pelo menos uma parte da tradução desses antigos manuscritos existe até hoje.

## Traduções para o inglês

As traduções para o inglês ou suas línguas precursoras começaram a ser feitas no século 5, iniciando-se com a versão anglo-saxônica. A primeira pessoa a traduzir a Bíblia toda para o inglês foi John Wycliffe (1329-1384). A tradução inglesa de *Wycliffe* foi a única durante 145 anos. Em 1525, William Tyndale criou a Versão Tyndale da Bíblia inglesa. Tyndale talvez tenha sido o maior dos tradutores da Bíblia para o inglês moderno. Outras versões inglesas incluem a Versão Coverdale (1535), a Grande Bíblia (1539), a Bíblia de Genebra (1557) e a famosa Versão Autorizada, comumente conhecida como a Versão King James (1611).

A Versão King James da Bíblia tornou-se uma das mais populares do mundo de fala inglesa e ainda é a tradução preferida de muitos. No final do século 19, a Igreja da Inglaterra sentiu a necessidade de uma revisão e atualização. A Versão King James Revisada foi concluída em 1885.

A American Standard Version (1901) foi ainda outra versão da Versão King James. A partir desse ponto até o presente, houve mais de duas dúzias de diferentes traduções para o inglês, com centenas em outras línguas. A seguir, algumas das traduções e paráfrases mais populares para o inglês dos últimos cinquenta anos:

- A Revised Standard Version (1952, revisada em 1971)
- A Bíblia Ampliada (1965)
- A New English Bible (1970)
- A New American Standard Bible (1971, revisada em 1995)
- A Bíblia Viva (1971)
- Boas-novas para o Homem Moderno (1976)
- Nova Versão Internacional (1978, revisada em 2011)
- Nova Versão King James (1982)
- Bíblia Novo Século (1988)
- A Mensagem (1994)
- Tradução Palavra de Deus (1995)
- New Living Translation (1996, revisada em 2004)
- Holman Christian Standard Bible (1999, revisada em 2009)
- English Standard Version (2001, revisada em 2011)

Para uma lista mais abrangente de versões e traduções da Bíblia em várias línguas, acesse BibleGateway.com e vá para "versões disponíveis".

## Traduções para o português

Os mais antigos registros de tradução de trechos da Bíblia para o português datam do final do século 15. Porém, centenas de anos se passaram até que a primeira versão completa estivesse disponível em três volumes, em 1753. Trata-se da tradução de João Ferreira de Almeida.

A primeira impressão da Bíblia completa em português, em um único volume, aconteceu em Londres em 1819, também na versão de Almeida. Veja, a seguir, a cronologia das principais traduções da Bíblia completa publicadas na língua portuguesa.

- **1753** — Tradução de João Ferreira de Almeida, em três volumes.
- **1790** — Versão de Figueiredo, elaborada com base na Vulgata pelo padre católico Antônio Pereira de Figueiredo. Foi publicada em sete volumes, depois de dezoito anos de trabalho.
- **1819** — Primeira impressão da Bíblia completa em português, em um único volume. Tradução de João Ferreira de Almeida.
- **1898** — Revisão da versão de João Ferreira de Almeida, que recebeu o nome de Revista e Corrigida, 1ª edição.
- **1917** — Versão Brasileira. Elaborada com base nos originais, foi produzida durante quinze anos por uma comissão de especialistas e sob a consultoria de alguns ilustres brasileiros. Entre eles: Rui Barbosa, José Veríssimo e Heráclito Graça.
- **1932** — Versão de Matos Soares, elaborada em Portugal.
- **1956** — Edição Revista e Atualizada, de João Ferreira de Almeida, elaborada pela Sociedade Bíblica do Brasil.
- **1957** — Bíblia Sagrada Ave-Maria, publicada pela Editora Ave Maria.

- **1959** — Versão dos Monges Beneditinos. Elaborada com base nos originais para o francês, na Bélgica, e traduzida do francês para o português.
- **1968** — Versão dos Padres Capuchinhos. Elaborada em Portugal, com base nos originais.
- **1969** — Revista e Corrigida, 2ª edição, de João Ferreira de Almeida, elaborada pela Sociedade Bíblica do Brasil.
- **1981** — Bíblia de Jerusalém, publicada pela Editora Paulus.
- **1988** — Bíblia na Linguagem de Hoje. Elaborada no Brasil, pela Sociedade Bíblica do Brasil, com base nos originais.
- **1993** — Revista e Atualizada, 2ª edição, de João Ferreira de Almeida, elaborada pela Sociedade Bíblica do Brasil.
- **1995** — Revista e Corrigida, 3ª edição, de João Ferreira de Almeida, elaborada pela Sociedade Bíblica do Brasil.
- **2000** — Nova Tradução na Linguagem de Hoje, elaborada pela Sociedade Bíblica do Brasil.
- **2001** — Nova Versão Internacional, publicada pela Editora Vida e Sociedade Bíblica Internacional.
- **2001** — Bíblia Sagrada, tradução oficial da CNBB (Conferência Nacional dos Bispos do Brasil).
- **2002** — Bíblia do Peregrino, tradução de Luís Alonso Schökel, publicada pela Editora Paulus.
- **2009** — Revista e Corrigida, 4ª edição, de João Ferreira de Almeida, elaborada pela Sociedade Bíblica do Brasil.[112]

---

[112] Disponível em: http://www.sbb.org.br/interna.asp?areaID=50, acesso em: 26/11/14. (N. do E.)

## 72

## Todas as traduções da Bíblia foram inspiradas?

Os 66 livros da Bíblia foram escritos por mais de quarenta autores diferentes num espaço de tempo de mais de 1.500 anos. E desde então os escribas e copistas dos antigos manuscritos copiaram exatamente as Escrituras em sua língua original (hebraico, aramaico e grego), durante séculos, até a invenção das máquinas impressoras modernas.[113]

Desses antigos manuscritos bíblicos, os estudiosos então traduziram as Escrituras para várias línguas — mais de 2.400 até o momento. A pergunta é: Esses vários tradutores foram inspirados por Deus para interpretar rigorosamente as palavras e o significado do hebraico, do aramaico e do grego para outras línguas?

● ● ● ● ●

Não há dúvida de que muitos dos tradutores foram pessoas piedosas e apaixonadas pela missão de tornar a Palavra de Deus acessível a todo o mundo. E, sem dúvida, eles trabalharam cuidadosamente para

---

[113] Veja "O Antigo Testamento é historicamente confiável", p. 268, e "O Novo Testamento é historicamente confiável?", p. 273.

traduzirem a Bíblia com exatidão. Todavia, não foram inspirados por Deus como aqueles que escreveram originariamente as palavras de Deus.

Quando a Bíblia diz que *toda a Escritura é divinamente inspirada por Deus* (2Timóteo 3:16), isso significa que as palavras foram "sopradas por Deus" através daqueles que escreveram as Escrituras.[114] Assim, quando os autores originais das Escrituras escreviam, eles estavam registrando as palavras de Deus. Quando os tradutores traduzem, eles estão envolvidos num exercício de linguagem literária e gramatical. Isso é certamente algo muito importante e talvez até mesmo guiado por Deus. Todavia, não é como se Deus estivesse dando ao tradutor as palavras exatas para escrever a fim de transmitir o significado preciso das palavras hebraicas ou gregas nas Escrituras.

Assim, uma vez que os tradutores não são inspirados por Deus, eles podem traduzir palavras incorretamente. E isso pode significar que algumas palavras em várias línguas podem ser mal traduzidas. É esse o caso? Esse é o tema da nossa pergunta seguinte.

---

[114] Veja "O que significa a Bíblia ser inspirada?", p. 203.

# 73

## Se os tradutores da Bíblia cometeram erros, isso não torna a Bíblia inexata?

Na pergunta anterior afirmamos que os tradutores da Bíblia não foram e não são inspirados por Deus quando traduzem as Escrituras do hebraico e do grego para outras línguas. E, se esse é o caso, isso não significa que algumas traduções podem estar erradas ou conter imprecisões?

Hoje, quando uma casa publicadora ou uma instituição decide lançar uma tradução da Bíblia, isso é feito com extremo cuidado. Geralmente, é formado um comitê de tradução da Bíblia. Esse comitê recruta então um grupo de especialistas de várias correntes teológicas, em geral composto por professores de seminários com grande discernimento e experiência em hebraico, aramaico ou grego. Por exemplo, quando a Tyndale House Publishers se preparou para criar a *New Living Translation* (NLT), foram formados seis grupos de mais de noventa acadêmicos para focar em suas áreas de especialidade: Pentateuco, Livros Históricos, Profetas, Evangelhos, e assim por diante. Então eles levaram anos para traduzir cuidadosamente a NLT.

## Comparar e analisar

Mas isso significa que todas as traduções são feitas com exatidão? Os tradutores às vezes transmitem um significado diferente do pretendido no original hebraico ou grego? Os tradutores são seres humanos e às vezes escolheram palavras e frases incorretas ou menos exatas. É por isso que as pessoas preferem certas traduções a outras — algumas versões bíblicas fazem um trabalho de tradução melhor do que outras.[115] Claro, por isso são formados grupos e é feita cuidadosa revisão — para evitar interpretações errôneas.

Mas é importante que você compare as várias traduções e consulte comentários e referências de estudo de palavra. Ao escolher uma tradução altamente respeitada, compará-la com outras e recorrer a comentários e a um dicionário bíblico, você estará seguro de ter uma tradução fiel das Escrituras. Mas como escolher uma tradução que seja fiel? Esse é o assunto da pergunta seguinte.

---

[115] Veja "Como escolher uma tradução que seja exata?", p. 304.

# 74

## Como escolher uma tradução que seja exata?

Existem várias traduções da Bíblia em português. E se algumas dessas traduções são mais exatas do que as outras, como escolher a melhor?

É verdade que algumas traduções são mais fiéis ou mais próximas ao original hebraico ou grego do que as outras. E, embora isso seja verdade, a fidelidade da tradução é um assunto complicado.

### Tradução versus paráfrase

Em primeiro lugar, vamos esclarecer a diferença entre tradução e paráfrase. Uma tradução bíblica é produzida quando o tradutor traduz cada passagem das Escrituras diretamente do texto original do Antigo e do Novo Testamentos. No caso das edições em inglês, com frequência os tradutores traduzem o Antigo Testamento diretamente do texto massorético da Bíblia hebraica representado na *Bíblia Hebraica Stuttgartensia* (1977). Eles sempre fazem comparações com os manuscritos do mar Morto, a Septuaginta e outras traduções gregas do Antigo Testamento, o Pentateuco Samaritano, a Vulgata Latina etc. O Novo Testamento inglês é quase sempre traduzido de duas edições padrão do Novo Testamento Grego: *Novum Testamentum Graece*

(NA, 27ª edição, 1993) e *The Greek New Testament* (Sociedades Bíblicas Unidas, 4ª edição revisada, 1993).

As paráfrases, por outro lado, são geralmente feitas por uma única pessoa e representam a reformulação personalizada de uma tradução. Embora possam ser úteis, os resultados inevitavelmente refletirão o ponto de vista de quem está fazendo a paráfrase.

### Métodos de tradução

As traduções também diferem devido à teoria na qual se baseiam. Isso determina, na opinião de alguns, a fidelidade da tradução. Alguns preferem uma tradução determinada pelo método da "equivalência formal" — ou seja, uma tradução "literal" ou "palavra por palavra". Nesta abordagem, o tradutor tenta traduzir cada palavra para o outro idioma, com o objetivo de preservar a estrutura da frase e a sintaxe da língua original. Embora possa parecer o melhor método para obter uma tradução mais fiel, um trabalho puro de equivalência formal seria quase ininteligível em outro idioma. Assim, alguma interpretação é necessária, pois, quando a abordagem palavra por palavra é adotada, o leitor tem dificuldade em determinar o significado de uma passagem. A New American Standard Bible (NASB) usou muito esse método.

O segundo método de tradução é chamado de "equivalência dinâmica", "equivalência funcional" ou "pensamento por pensamento". Consiste em traduzir para o outro idioma ou o equivalente mais próximo do natural a mensagem expressa no texto escriturístico original, tanto em termos de significado quanto de estilo. O resultado final geralmente cria um texto mais inteligível que flui mais naturalmente. A Nova Versão Internacional (NVI) adotou em grande medida esse método.

Ambas as teorias de tradução têm pontos fortes. A equivalência formal pode alcançar a sintaxe da língua original e é geralmente preferida pelos estudiosos e professores da Bíblia. A equivalência dinâmica é geralmente mais compreensível, e o significado do texto fica mais evidente ao leitor contemporâneo.

Pode-se argumentar em favor de uma tradução e justificar a posição de que as outras são menos fiéis. E os críticos de várias traduções têm feito exatamente isso. Mas não estamos aqui para tomar partido deste ou daquele crítico ou defender esta ou aquela tradução. Cada uma delas está sujeita a erros, e nenhuma delas é inspirada por Deus.[116]

### Fazendo sua escolha

Apesar dessas considerações, permanece a pergunta: Como escolher uma tradução bíblica fiel e inteligível? O melhor conselho sobre a escolha de uma boa tradução é perguntar a um líder cristão que você respeite muito, como seu pastor ou um professor de seminário. Descubra qual tradução eles usam e recomendam. Em segundo lugar, verifique qual equipe produziu a tradução que você está procurando e descubra o método adotado. Essa informação costuma aparecer no prefácio ou na introdução da Bíblia. Quase sempre os integrantes da equipe estão listados, e você pode verificar suas credenciais e identificar a que seminários e grupos eles estão afiliados.

Em última análise, você pode usar várias traduções, como nós fazemos. E você pode até consultar estudos bíblicos comparativos, que apresentam duas ou três traduções do texto bíblico. Além disso, vários serviços *on-line* também permitem a leitura de múltiplas traduções lado a lado.

No final, sua escolha será uma questão de preferência pessoal. Certifique-se, contudo, de que a tradução da sua Bíblia é confiável e inteligível.

---

[116] Veja "Todas as traduções da Bíblia foram inspiradas?", p. 300.

## 75

### Por que existem tantas traduções da Bíblia?

A Bíblia é certamente o livro mais conhecido do mundo. Algumas traduções são encontradas na maioria das principais livrarias do país. Quase todos os revendedores *on-line* comercializam pelo menos uma tradução. E existem muitas versões em português disponíveis. Você pode perguntar: "Por que tantas?"

Os líderes cristãos têm encorajado cada vez mais as pessoas a lerem e estudarem suas Bíblias. Isso tem gerado uma procura crescente pela Palavra de Deus, e muitos editores têm respondido à altura. São publicações direcionadas a públicos específicos, como Bíblia de estudo dos homens, Bíblia de estudo das mulheres, Bíblia de estudos apologéticos para estudantes, Bíblia de adoração e louvor, Bíblia das crianças... e por aí segue. Cada vez mais, dispomos de variações de formatos, como a Bíblia em letra grande, a Bíblia em letra pequena, com capa de couro, em capa dura, *on-line*, em DVD etc.

No esforço de distribuir Bíblias, as casas publicadoras e outros grupos adotaram traduções que apelam a todos os grupos mencionados e muitos outros. Consequentemente, temos muitas traduções em português e Bíblias em formatos diversos a escolher.[117]

---

[117] Veja "Como escolher uma tradução que seja exata?", p. 304.

# 76

## Quais recursos são necessários para a interpretação correta da Bíblia?

A Bíblia foi escrita em períodos de tempo diferentes e em culturas extremamente diversas uma das outras. Convenhamos, não é uma leitura fácil. Na pergunta número 60, "Como interpretar corretamente a Bíblia?", vimos como precisamos compreender o significado e o contexto das palavras empregadas. Contudo, sem a ajuda de eruditos experientes, esse pode ser um desafio realmente grande. Então, quais são os recursos necessários para interpretar corretamente a Bíblia?

Vamos mencionar cinco ferramentas que poderão ajudá-lo bastante em seu estudo.

***Definições e estudos de palavras.*** A maneira mais eficaz de interpretar uma palavra da Bíblia — isto é, conhecer seu significado — é consultar um dicionário. Normalmente, um dicionário bíblico apresentará uma definição bíblica expandida de uma palavra. Um bom dicionário bíblico traz não apenas a definição e a origem de uma palavra, mas também seus usos no Antigo e no Novo Testamentos. Procure na internet por "Dicionário bíblico" e você encontrará *sites* gratuitos nos quais poderá consultar a maioria dos termos bíblicos. Observe que os dicionários geralmente mostram muitos significados, por isso não deixe de considerar o contexto ao examinar o significado específico.

Além disso, existem concordâncias com dicionários em hebraico e grego que também dão os significados da língua original das Escrituras. Procure "Dicionário grego" na internet e você encontrará uma variedade de recursos impressos, eletrônicos e *on-line*. Verifique também em sua livraria cristã local.

**Livros de referência.** Mencionamos anteriormente a necessidade de fazer referências cruzadas de passagens e palavras das Escrituras. Alguns recursos fornecem informação valiosa sobre a história da Bíblia e a vida, o pensamento e atitudes correntes nos tempos bíblicos. Entre esses recursos, estão os estudos bíblicos, as enciclopédias bíblicas, os comentários e os atlas. Esses materiais apresentam conhecimentos acadêmicos de estudiosos — as observações de pessoas que investiram tempo e energia pesquisando e estudando assuntos que jamais teríamos a possibilidade de explorar por nós mesmos. Durante séculos, homens como W. E. Vine, James Strong e muitos outros cristãos devotos compilaram recursos escritos que podem ser altamente valiosos para nós na compreensão e interpretação correta do significado da Palavra de Deus.

**Bíblias de estudo.** A Bíblia de estudo é uma das mais úteis ferramentas que você pode consultar. Muitas Bíblias de estudo contêm ampla informação à qual você não teria acesso, a menos que fosse um pesquisador da Bíblia ou um estudante dedicado. Uma boa Bíblia de estudo pode substituir vários livros de referência. Muitas delas incluem um breve comentário das Escrituras, introduções e resumos aos livros da Bíblia, gráficos, mapas, anotações, notas textuais, referências em cadeia, dicionários, concordâncias e outras ajudas que geralmente substituem vários outros recursos.

**Comentários.** Um comentário bíblico é exatamente o que o termo sugere. Contém notas e observações de um ou mais estudiosos sobre o significado de passagens bíblicas. Os comentários podem ser obras em vários volumes, detalhadas versículo por versículo, ou um único volume sobre a Bíblia inteira, tratando dos temas básicos e destacando determinados versículos.

**Computador e recursos on-line.** Mencionamos que uma boa Bíblia de estudo pode substituir vários dos recursos que identificamos até agora. O mesmo é verdadeiro com relação aos apoios bíblicos *on-line* e programas de computador. Vários deles permitem que você localize textos específicos e articule referências. Apenas digitando uma palavra ou duas, você pode usar esses recursos como concordâncias, ou procurar o mesmo versículo da Bíblia em praticamente todas as versões disponíveis em português.

Esses recursos costumam disponibilizar também vários recursos visuais, incluindo fotos, ilustrações, animações de eventos bíblicos e descobertas arqueológicas.

# 77

## Como posso ter uma experiência pessoal com a Bíblia?

Ao longo de todo este livro, enfatizamos a ideia de que Deus é relacional e *zeloso* em relação ao seu relacionamento com você (Êxodo 34:14). E ele deu aos seus filhos seu Espírito e sua Palavra, a fim de permitir que experimentemos esse relacionamento. Mas como podemos ter a experiência da Bíblia de modo a aprofundar nosso relacionamento com Deus?

● ● ● ● ●

Quando eu (Sean) cursava a faculdade, alguns amigos cristãos me convidaram para participar de seu grupo de estudo bíblico. Como estudante universitário solteiro, decidi estudar a Palavra de Deus junto com meus colegas de classe. Mas o que me impressionava era a lente pela qual um casal de companheiros meus analisava praticamente cada versículo bíblico. Eles sempre pareciam ter pelo menos três perguntas obrigatórias a respeito de cada passagem:

1. Que pecado aqui precisa ser evitado?
2. Que mandamento aqui precisa ser obedecido?
3. Que parte da minha vida precisa ser mudada?

Não estou dizendo que não devemos evitar o pecado ou que devemos ignorar o que a Bíblia nos ordena. Mas meus amigos pareciam ver Deus como alguém desapontado e extremamente fiscalizador. E, quando nós o enxergamos através desse tipo de lente, tendemos a distorcer sua verdade. Paulo orou a Deus em favor dos seguidores de Cristo em Éfeso:

> *O Deus de nosso Senhor Jesus Cristo, o Pai da glória, vos dê o espírito de sabedoria e de revelação no pleno conhecimento dele, sendo iluminados os olhos do vosso coração, para que saibais qual é a esperança do vosso chamado.* (Efésios 1:17,18)

Deus nos deu sua Palavra, em parte, para que conheçamos Jesus melhor e tenhamos frequentemente novos encontros com ele para experimentarmos exatamente quanto ele tem cuidado de nós. Pedro nos encoraja a *lançar sobre ele toda a nossa ansiedade, pois ele tem cuidado de nós* (veja 1Pedro 5:7). Mas, às vezes, porém, você talvez se pergunte se a compaixão de Jesus pode ser experimentada pessoalmente, como foi o caso daqueles que o encontraram enquanto ele esteve na terra. Você talvez pense: "Bem, ele se fez real e relevante para os que o encontraram, mas como sua compaixão pode ser real e relevante para mim por meio de sua Palavra?"

## O convite de Deus para você

O segredo para ter essa experiência é ver a Bíblia como o convite pessoal de Deus para você conhecê-lo melhor. Com este propósito, considere as seguintes perguntas ao estudar as Escrituras:

- Como esta passagem das Escrituras se relaciona a amar a Deus mais profundamente com todo o coração, a alma e a mente?
- Como esta passagem das Escrituras se relaciona a amar os outros como Deus nos ama?

- Como esta passagem revela o coração carinhoso e compassivo de Jesus?
- O que Jesus quer que experimentemos dele agora mesmo?
- Que planos e propósitos de Deus se relacionam com a minha vida nesta passagem?
- Como Deus vê as pessoas de forma diferente de como eu vejo?
- Como o meu coração reage a esse Deus relacional, incluindo sua amorosa disciplina?
- Como Deus quer que eu responda aos que estão perdidos e afastados dele?

Pelo milagroso poder do Espírito de Deus, Jesus quer que tenhamos a experiência de sua Palavra diariamente. Ele quer que a sua mente seja a nossa mente. Quer que a sua vida seja a nossa vida. Ele orou ao Pai tanto por seus discípulos como por nós, dizendo:

> *Eles não são do mundo, assim como eu também não sou. Santifica-os na verdade, a tua palavra é a verdade [...] para que todos sejam um; assim como tu, ó Pai, és em mim, e eu em ti, que também eles estejam em nós, pra que o mundo creia que tu me enviaste.* (João 17:16,17,21)

Abrace o Jesus tolerante e compassivo que está pronto a atendê-lo exatamente naquilo que você precisa. Ele quer que você tenha uma experiência com ele à medida que tem um experiência com sua Palavra.[118]

---

[118] Adaptado de McDowell, Josh; McDowell, *Sean. Experience Your Bible*, caps. 3, 4 e 9.

# Sobre os autores e o ministério de Josh McDowell

Quando jovem, JOSH MCDOWELL foi um cético do cristianismo. Entretanto, quando cursava a Kellog College, em Michigan, foi desafiado por um grupo de estudantes cristãos a examinar intelectualmente as afirmações de Jesus Cristo. Josh aceitou o desafio e se viu face a face com a realidade de que Jesus era de fato o Filho de Deus, que o amou o suficiente para morrer por ele. Josh entregou sua vida a Cristo e, durante cinquenta anos, tem compartilhado com o mundo seu testemunho e a evidência de que Deus é real e relevante para nossa vida cotidiana.

Josh recebeu o grau de bacharel pela Wheaton College e o grau de mestre em Teologia pelo Seminário Teológico Talbot, na Califórnia. Ele participa da Cruzada Estudantil para Cristo há quase cinquenta anos. Josh e Dottie são casados há mais de quarenta anos, têm quatro filhos adultos e vivem no sul da Califórnia.

SEAN MCDOWELL é educador, palestrante e autor. Formou-se com a maior distinção no Seminário Teológico Talbot e tem mestrado duplo em Filosofia e Teologia. É chefe do departamento de Bíblia da Escola Cristã de Capistrano Valley e atualmente cursa seu doutorado em Apologética e estudos mundiais no Seminário Teológico Batista do Sul.

Sean e Stephanie são casados há mais de dez anos, têm três filhos e vivem no sul da Califórnia.

# O que aprendi com este livro

# O que aprendi com este livro

# O que aprendi com este livro

# O que aprendi com este livro

# O que aprendi com este livro

# O que aprendi com este livro

# O que aprendi com este livro

Sua opinião é importante para nós.
Por gentileza, envie seus comentários pelo e-mail
**editorial@hagnos.com.br**